CARTA APOSTÓLICA

NOVO MILLENNIO INEUNTE

AL COMIENZO
DEL NUEVO MILENIO

EDICIONES PALABRA, S.A.
Madrid

1.ª edición. Enero 2001
2.ª edición. Enero 2001
3.ª edición. Febrero 2001
4.ª edición. Febrero 2001
5.ª edición. Abril 2001

COLECCIÓN *documentos mc*
Director: Jesús Urteaga
Secretaria de Redacción: Alicia Alonso

Paseo de la Castellana, 210 - 28046 Madrid
Telfs.: 91 350 77 20 - 91 350 77 39 - Fax: 91 359 02 30
www.edicionespalabra.es - epalsa@edicionespalabra.es

Diseño Cubierta: Carlos Bravo
Producción: Francisco Fernández

Printed in Spain
ISBN: 84-8239-517-3
Depósito legal: M. 15.661-2001

Anzos, S. L. - Fuenlabrada (Madrid)

Juan Pablo II

CARTA APOSTÓLICA
NOVO MILLENNIO INEUNTE
AL COMIENZO DEL NUEVO MILENIO

6 de Enero del 2001

Quinta edición

documentos mc

CARTA APOSTÓLICA
NOVO MILLENNIO INEUNTE
DEL SUMO PONTÍFICE
JUAN PABLO II
AL EPISCOPADO
AL CLERO Y A LOS FIELES
AL CONCLUIR EL GRAN JUBILEO
DEL AÑO 2000

A los Obispos,
a los sacerdotes y diáconos,
a los religiosos y religiosas y
a todos los fieles laicos.

1. Al comienzo del nuevo milenio, mientras se cierra el Gran Jubileo en el que hemos celebrado los dos mil años del nacimiento de Jesús y se abre para la Iglesia una nueva etapa de su camino, resuenan en nuestro corazón las palabras con las que un día Jesús, después de haber hablado a la muchedumbre desde la barca de Simón, invitó al Apóstol a «remar mar adentro» para pescar: *Duc in altum* (*Lc* 5, 4). Pedro y los primeros compañeros confiaron en la palabra de Cristo y echaron las redes. «Y habiéndolo hecho, recogieron una cantidad enorme de peces» (*Lc* 5, 6).

Duc in altum! Esta palabra resuena también hoy para nosotros y nos invita a recordar con gratitud el pasado, a vivir con pasión el presente y a abrirnos con confianza al futuro: «Jesucristo es el mismo, ayer, hoy y siempre» (*Hb* 13, 8).

La alegría de la Iglesia, que se ha dedicado a contemplar el rostro de su Esposo y Señor, ha sido grande este año. Se ha convertido, más que nunca, en pueblo peregrino, guiado por Aquel que es «el gran Pastor de las ovejas» (*Hb* 13, 20). Con un extraordinario dinamisno, que ha implicado a todos sus miembros, el Pueblo de Dios, aquí en Roma, así como en Jerusalén y en todas las Iglesias locales, ha pasado a través de la «Puerta Santa» que es Cristo. A Él, meta de la historia y único Salvador del mundo, la Iglesia y el Espíritu Santo han elevado su voz: «*Marana tha* - Ven, Señor Jesús» (cfr. *Ap* 22, 17.20; *1 Co* 16, 22).

Es imposible medir la efusión de gracia que, a lo largo del año, ha tocado las conciencias. Pero ciertamente, un «río de agua viva», aquel que continuamente brota «del trono de Dios y del Cordero» (cfr. *Ap* 22, 1), se ha derramado sobre la Iglesia. Es el agua del Espíritu Santo que apaga la sed y renueva (cfr. *Jn* 4,14). Es el amor misericordioso del Padre que, en Cristo, se nos ha revelado y dado otra vez. Al final de este año podemos repetir, con renovado regocijo, la antigua palabra de gratitud: «Cantad al Señor porque es bueno, porque es eterna su misericordia» (*Sal* 118/117, 1).

2. Por eso, siento el deber de dirigirme a todos vosotros para compartir el canto de alabanza. Había pensado en este Año Santo del dos mil como un momento importante desde el inicio de mi Pontifi-

cado. Pensé en esta celebración como una convocatoria providencial en la cual la Iglesia, treinta y cinco años después del Concilio Ecuménico Vaticano II, habría sido invitada a interrogarse sobre su renovación para asumir con nuevo ímpetu su misión evangelizadora.

¿Lo ha logrado el Jubileo? Nuestro compromiso, con sus generosos esfuerzos y las inevitables fragilidades, está ante la mirada de Dios. Pero no podemos olvidar el deber de gratitud por las «maravillas» que Dios ha realizado por nosotros. *Misericordias Domini in aeternum cantabo* (*Sal* 89/88, 2).

Al mismo tiempo, lo ocurrido ante nosotros exige ser considerado y, en cierto sentido, interpretado, para escuchar lo que el Espíritu, a lo largo de este año tan intenso, ha dicho a la Iglesia (cfr. *Ap* 2, 7.11.17 etc.).

3. Sobre todo, queridos hermanos y hermanas, es necesario pensar en el futuro que nos espera. Tantas veces, durante estos meses, hemos mirado hacia el nuevo milenio que se abre, viviendo el Jubileo no solo como *memoria del pasado*, sino como *profecía del futuro*. Es preciso ahora aprovechar el tesoro de gracia recibida, traduciéndola en fervientes propósitos y en líneas de acción concretas. Es una tarea a la cual deseo invitar a todas las Iglesias locales. En cada una de ellas, congregada en torno al propio Obispo, en la escucha de la Palabra, en la comunión fraterna y en la «fracción del pan» (cfr.

Hch 2, 42), está «verdaderamente presente y actúa la Iglesia de Cristo, una, santa, católica y apostólica».[1] Es especialmente en la realidad concreta de cada Iglesia donde el misterio del único Pueblo de Dios asume aquella especial configuración que lo hace adecuado a todos los contextos y culturas.

Este encarnarse de la Iglesia en el tiempo y en el espacio refleja, en definitiva, *el movimiento mismo de la Encarnación*. Es, pues, el momento de que cada Iglesia, reflexionando sobre lo que el Espíritu ha dicho al Pueblo de Dios en este especial año de gracia, más aún, en el período más amplio de tiempo que va desde el Concilio Vaticano II al Gran Jubileo, analice su fervor y recupere un nuevo impulso para su compromiso espiritual y pastoral. Con este objetivo, deseo ofrecer en esta Carta, al concluir el Año Jubilar, la contribución de mi ministerio petrino, para que la Iglesia brille cada vez más en la variedad de sus dones y en la unidad de su camino.

---

[1] Conc. Ecum. Vat. II, Decr. *Christus Dominus*, sobre la función pastoral de los Obispos, 11.

I
EL ENCUENTRO CON CRISTO, HERENCIA DEL GRAN JUBILEO

4. «Gracias te damos, Señor, Dios omnipotente» (*Ap* 11, 17). En la Bula de convocatoria del Jubileo auguraba que la celebración bimilenaria del misterio de la Encarnación se viviera como un «único e ininterrumpido canto de alabanza a la Trinidad»[2] y a la vez como camino de reconciliación y como signo de genuina esperanza para quienes miran a Cristo y a su Iglesia»[3]. La experiencia del año jubilar se ha movido precisamente en estas dimensiones vitales, alcanzando momentos de intensidad que nos han hecho como tocar con la mano la presencia misericordiosa de Dios, del cual procede «toda dádiva buena y todo don perfecto» (*St* 1, 17).

Pienso, sobre todo, en la *dimensión de la alabanza*. Desde ella se mueve toda respuesta autén-

[2] Bula *Incarnationis mysterium*, 3: *AAS* 91 (1999), 132.
[3] *Ibíd.*, 4: *l.c.*, 133.

tica de fe a la revelación de Dios en Cristo. El cristianismo es gracia, es la sorpresa de un Dios que, satisfecho no solo con la creación del mundo y del hombre, se ha puesto al lado de su criatura, y después de haber hablado muchas veces y de diversos modos por medio de los profetas, «últimamente, en estos días, nos ha hablado por medio de su Hijo» (*Hb* 1, 1-2).

¡En estos días! Sí, el Jubileo nos ha hecho sentir que dos mil años de historia han pasado sin disminuir la actualidad de aquel «hoy» con el que los ángeles anunciaron a los pastores el acontecimiento maravilloso del nacimiento de Jesús en Belén: «Hoy os ha nacido en la ciudad de David un salvador, que es Cristo el Señor» (*Lc* 2, 11). Han pasado dos mil años, pero permanece más viva que nunca la proclamación que Jesús hizo de su misión ante sus atónitos conciudadanos en la Sinagoga de Nazaret, aplicando a sí mismo la profecía de Isaías: «Hoy se cumple esta Escritura que acabáis de oír» (*Lc* 4, 21). Han pasado dos mil años, pero se siente siempre consolador para con los pecadores necesitados de misericordia –y ¿quién no lo es?– aquel «hoy» de la salvación que en la Cruz abrió las puertas del Reino de Dios al ladrón arrepentido: «En verdad te digo, hoy estarás conmigo en el Paraíso» (*Lc* 23, 43).

La plenitud de los tiempos

5. La coincidencia de este Jubileo con la entrada en un nuevo milenio, ha favorecido ciertamente, sin ceder a fantasías milenaristas, la percepción del misterio de Cristo en el gran horizonte de la historia de la salvación. *¡El cristianismo es la religión que ha entrado en la historia!* En efecto, es sobre el terreno de la historia donde Dios ha querido establecer con Israel una alianza y preparar así el nacimiento del Hijo del seno de María, «en la plenitud de los tiempos» (*Ga* 4, 4). Contemplado en su misterio divino y humano, Cristo es el fundamento y el centro de la historia, de la cual es el sentido y la meta última. En efecto, es por medio de Él, Verbo e imagen del Padre, que «todo se hizo» (*Jn* 1, 3; cfr. *Col* 1, 15). Su encarnación, culminada en el misterio pascual y en el don del Espíritu, es el eje del tiempo, la hora misteriosa en la cual el Reino de Dios se ha hecho cercano (cfr. *Mc* 1, 15), más aún, ha puesto sus raíces, como una semilla destinada a convertirse en un gran árbol (cfr. *Mc* 4, 30-32), en nuestra historia.

«Gloria a ti, Cristo Jesús, hoy y siempre tú reinarás». Con este canto, tantas veces repetido, hemos contemplado en este año a Cristo como nos lo presenta el Apocalipsis: «El Alfa y la Omega, el Primero y el Último, el Principio y el Fin» (*Ap* 22, 13). Y contemplando a Cristo hemos adorado juntos al Padre y al Espíritu, la única e indivisible Trinidad, misterio inefable en el cual todo tiene su origen y su realización.

Purificación de la memoria

6. Para que nosotros pudiéramos contemplar con mirada más pura el misterio, este Año jubilar ha estado fuertemente caracterizado por la *petición de perdón*. Y esto ha sido así no solo para cada uno individualmente, que se ha examinado sobre la propia vida para implorar misericordia y obtener el don especial de la indulgencia, sino también para toda la Iglesia, que ha querido recordar las infidelidades con las cuales tantos hijos suyos, a lo largo de la historia, han ensombrecido su rostro de Esposa de Cristo.

Para este examen de conciencia nos habíamos preparado mucho antes, conscientes de que la Iglesia, acogiendo en su seno a los pecadores «es santa y a la vez tiene necesidad de purificación»[4]. Unos Congresos científicos nos han ayudado a centrar aquellos aspectos en los que el espíritu evangélico, durante los dos primeros milenios, no siempre ha brillado. ¿Cómo olvidar la conmovedora *Liturgia del 12 de marzo del 2000*, en la cual yo mismo, en la Basílica de San Pedro, fijando la mirada en Cristo Crucificado, me he hecho portavoz de la Iglesia pi-

---

[4] Conc. Ecum. Vat. II, Const. dogm. *Lumen gentium*, sobre la Iglesia, 8.

diendo perdón por el pecado de tantos hijos suyos? Esta «purificación de la memoria» ha reforzado nuestros pasos en el camino hacia el futuro, haciéndonos a la vez más humildes y atentos en nuestra adhesión al Evangelio.

Los testigos de la fe

7. Sin embargo, la viva conciencia penitencial no nos ha impedido dar gloria al Señor por todo lo que ha obrado a lo largo de los siglos, y especialmente en el siglo que hemos dejado atrás, concediendo a su Iglesia *una gran multitud de santos y de mártires*. Para algunos de ellos el Año jubilar ha sido también el año de su beatificación o canonización. Respecto a Pontífices bien conocidos en la historia o a humildes figuras de laicos y religiosos, de un continente a otro del mundo, la santidad se ha manifestado más que nunca como la dimensión que expresa mejor el misterio de la Iglesia. Mensaje elocuente que no necesita palabras, la santidad representa al vivo el rostro de Cristo.

Mucho se ha trabajado también, con ocasión del Año Santo, para recoger *las memorias preciosas de los Testigos de la fe en el siglo* XX. Los hemos conmemorado el 7 de mayo del 2000, junto con representantes de otras Iglesias y Comunidades eclesiales, en el sugestivo marco del Coliseo, símbolo de las antiguas persecuciones. Es una herencia que no se debe perder y que se ha de trasmitir para un perenne deber de gratitud y un renovado propósito de imitación.

Iglesia peregrina

8. Siguiendo las huellas de los Santos, se han acercado aquí a Roma, ante las tumbas de los Apóstoles, innumerables hijos de la Iglesia, deseosos de profesar la propia fe, confesar los propios pecados y recibir la misericordia que salva. Mi mirada en este año ha quedado impresionada no solo por las multitudes que han llenado la Plaza de San Pedro durante muchas celebraciones. Frecuentemente me he parado a mirar las largas filas de peregrinos en espera paciente de cruzar la Puerta Santa. En cada uno de ellos trataba de imaginar la historia de su vida, llena de alegrías, ansias y dolores; una historia de encuentro con Cristo y que en el diálogo con él reemprendía su camino de esperanza.

Observando también el continuo fluir de los grupos, los veía como *una imagen plástica de la Iglesia peregrina*, la Iglesia que está, como dice San Agustín «entre las persecuciones del mundo y los consuelos de Dios»[5]. Nosotros solo podemos observar el aspecto más externo de este acontecimiento singular. ¿Quién puede valorar las maravillas de la gracia que se han dado en los corazones?

---

[5] *De civ. Dei* XVIII, 51,2: *PL* 41, 614; cfr. Conc. Ecum. Vat. II, Const. dogm. *Lumen gentium*, sobre la Iglesia, 8.

Conviene callar y adorar, confiando humildemente en la acción misteriosa de Dios y cantar su amor infinito: *Misericordias Domini in aeternum cantabo!*

Los jóvenes

9. Los numerosos encuentros jubilares han congregado las más diversas clases de personas, notándose una participación realmente impresionante, que a veces ha puesto a prueba el esfuerzo de los organizadores y animadores, tanto eclesiales como civiles. Deseo aprovechar esta Carta para expresar a todos ellos mi agradecimiento más cordial. Pero, además del número, lo que tantas veces me ha conmovido ha sido constatar el serio esfuerzo de oración, de reflexión y de comunión que estos encuentros han manifestado.

Y, ¿cómo no recordar especialmente *el alegre y entusiasmante encuentro de los jóvenes?* Si hay una imagen del Jubileo del Año 2000 que quedará viva en el recuerdo más que las otras es seguramente la de la multitud de jóvenes con los cuales he podido establecer una especie de diálogo privilegiado, basado en una recíproca simpatía y un profundo entendimiento. Fue así desde la bienvenida que les di en la Plaza de San Juan de Letrán y en la Plaza de San Pedro. Después les vi deambular por la Ciudad, alegres como deben ser los jóvenes, pero también reflexivos, deseosos de oración, de «sentido» y de amistad verdadera. No será fácil, ni para ellos mismos, ni para cuantos los vieron, borrar de la memoria aquella semana en la cual Roma se hizo «joven con los jóvenes». No será posible olvidar la celebración eucarística de Tor Vergata.

Una vez más, los jóvenes han sido para Roma y para la Iglesia *un don especial del Espíritu de Dios*. A veces, cuando se mira a los jóvenes, con los problemas y las fragilidades que les caracterizan en la sociedad contemporánea, hay una tendencia al pesimismo. Es como si el Jubileo de los Jóvenes nos hubiera «sorprendido», trasmitiéndonos, en cambio, el mensaje de una juventud que expresa un deseo profundo, a pesar de posibles ambigüedades, de aquellos valores auténticos que tienen su plenitud en Cristo. ¿No es, tal vez, Cristo el secreto de la verdadera libertad y de la alegría profunda del corazón? ¿No es Cristo el amigo supremo y a la vez el educador de toda amistad auténtica? Si a los jóvenes se les presenta a Cristo con su verdadero rostro, ellos lo experimentan como una respuesta convincente y son capaces de acoger el mensaje, incluso si es exigente y marcado por la Cruz. Por eso, vibrando con su entusiasmo, no dudé en pedirles una opción radical de fe y de vida, señalándoles una tarea estupenda: la de hacerse «centinelas de la mañana» (cfr. *Is* 21, 11-12) en esta aurora del nuevo milenio.

Peregrinos de diversas clases

10. Obviamente no puedo detenerme en detalles sobre todas las celebraciones jubilares. Cada una de ellas ha tenido sus características y ha dejado su mensaje no solo a los que han asistido directamente, sino también a los que lo han conocido o han participado a distancia a través de los medios de comunicación social. Pero, ¿cómo no recordar el tono festivo del *primer gran encuentro dedicado a los niños*? Empezar por ellos significaba, en cierto modo, respetar la exhortación de Jesús: «Dejad que los niños se acerquen a mí» (*Mc* 10,14). Más aún, quizás significaba repetir el gesto que Él hizo cuando «colocó en medio» a un niño y lo presentó como símbolo mismo de la actitud que había que asumir, si se quiere entrar en el Reino de Dios (cfr. *Mt* 18, 2-4).

Y así, en cierto sentido, siguiendo las huellas de los niños han venido a pedir la misericordia jubilar las más diversas clases de adultos: desde los ancianos a los enfermos y minusválidos, desde los trabajadores de las oficinas y del campo a los deportistas, desde los artistas a los profesores universitarios, desde los Obispos y presbíteros a las personas de vida consagrada, desde los políticos y los periodistas hasta los militares, venidos para confirmar el sentido de su servicio como un servicio a la paz.

Gran impacto tuvo *el encuentro de los trabaja-*

dores, desarrollado el 1 de mayo dentro de la tradicional fecha de la fiesta del trabajo. A ellos les pedí que vivieran la espiritualidad del trabajo, a imitación de San José y de Jesús mismo. Su jubileo me ofreció, además, la ocasión para lanzar una fuerte llamada a remediar los desequilibrios económicos y sociales existentes en el mundo del trabajo, y a gestionar con decisión los procesos de la globalización económica en función de la solidaridad y del respeto debido a cada persona humana.

Los niños, con su incontenible comportamiento festivo, volvieron en el *Jubileo de las Familias*, en el cual han sido señalados al mundo como «primavera de la familia y de la sociedad». Muy elocuente fue este encuentro jubilar en el cual tantas familias, procedentes de diversas partes del mundo, vinieron para obtener, con renovado fervor, la luz de Cristo sobre el proyecto originario de Dios (cfr. *Mc* 10, 6-8; *Mt* 19, 4-6). Ellas se comprometieron a difundirla en una cultura que corre el peligro de perder, de modo cada vez más preocupante, el sentido mismo del matrimonio y de la institución familiar.

Entre los encuentros más emotivos está también para mí el que tuve con *los presos de Regina Caeli*. En sus ojos leí el dolor, pero también el arrepentimiento y la esperanza. Para ellos el Jubileo fue por un motivo muy particular un «año de misericordia».

Simpático fue, finalmente, en los últimos días

del año, el encuentro con *el mundo del espectáculo*. A las personas que trabajan en este sector recordé la gran responsabilidad de proponer, con la alegre diversión, mensajes positivos, moralmente sanos, capaces de transmitir confianza y amor a la vida.

Congreso Eucarístico Internacional

11. En la lógica de este Año jubilar, un significado determinante debía tener el *Congreso Eucarístico Internacional*. ¡Y lo tuvo! Si la Eucaristía es el Sacrificio de Cristo que se hace presente entre nosotros, ¿cómo podía su presencia real no ser el centro del Año Santo dedicado a la encarnación del Verbo? Precisamente por ello fue previsto como año «intensamente eucarístico»[6] y así hemos procurado vivirlo. Al mismo tiempo, ¿cómo podía faltar, al lado del recuerdo del nacimiento del Hijo, el de la Madre? María ha estado presente en las celebraciones jubilares no solo por medio de oportunos y cualificados congresos, sino sobre todo a través del gran Acto de Consagración con el que, rodeado por buena parte del Episcopado mundial, confié a su solicitud materna la vida de los hombres y de las mujeres del nuevo milenio.

---

[6] Cf. Cart. ap. *Tertio millennio adveniente*, 55: *AAS* 87 (1995), 38.

La dimensión ecuménica

12. Se comprenderá así que hable espontáneamente del Jubileo visto desde la Sede de Pedro. Sin embargo, no olvido que yo mismo quise que su celebración tuviese lugar de pleno derecho también en las Iglesias particulares, y es allí donde la mayor parte de los fieles han podido obtener las gracias especiales y, en particular, la indulgencia del Año jubilar. Así pues, es significativo que muchas Diócesis hayan sentido el deseo de hacerse presentes, con numerosos grupos de fieles, también aquí en Roma. La Ciudad Eterna ha manifestado, pues, una vez más, su papel providencial de lugar donde las riquezas y los dones de todas y cada una de las Iglesias, y también de cada nación y cultura, se armonizan en la «catolicidad», para que la única Iglesia de Cristo manifieste de modo cada vez más elocuente su misterio de sacramento de unidad[7].

Había pedido también que, en el programa del Año jubilar, se prestara una particular atención a la *dimensión ecuménica*. ¿Qué ocasión más propicia para animar el camino hacia la plena comunión que la celebración común del nacimiento de Cristo? Se han llevado a cabo muchos esfuerzos para este objetivo, y entre ellos destaca el encuentro ecuménico en la Basílica de San Pablo el 18 de

---

[7] Conc. Ecum. Vat. II, Const. dogm. *Lumen gentium*, sobre la Iglesia, 1.

enero del 2000, cuando por primera vez en la historia una Puerta Santa fue abierta conjuntamente por el Sucesor de Pedro, por el Primado Anglicano y por un Metropolitano del Patriarcado Ecuménico de Constantinopla, en presencia de representantes de Iglesias y Comunidades eclesiales de todo el mundo. En esta misma dirección han ido también algunos importantes encuentros con Patriarcas ortodoxos y Jerarcas de otras Confesiones cristianas. Recuerdo, en particular, la reciente visita de S.S. Karekin II, Patriarca Supremo y Catholicós de todos los Armenios. Además, muchos fieles de otras Iglesias y Comunidades eclesiales han participado en los encuentros jubilares de los diversos grupos. El camino ecuménico es ciertamente laborioso, quizás largo, pero nos anima la esperanza de estar guiados por la presencia de Cristo resucitado y por la fuerza inagotable de su Espíritu, capaz de sorpresas siempre nuevas.

La peregrinación en Tierra Santa

13. ¿Cómo no recordar también *mi Jubileo personal por los caminos de Tierra Santa?* Habría deseado iniciarlo en Ur de los Caldeos, para seguir casi prácticamente las huellas de Abraham «nuestro padre en la fe» (cfr. *Rm* 4, 11-16). En cambio, tuve que contentarme con una etapa únicamente espiritual, mediante la sugestiva «Liturgia de la palabra» celebrada el 23 de febrero en el Aula Pablo VI. A conti-

nuación tuvo lugar la verdadera peregrinación, siguiendo el itinerario de la historia de la salvación. Así tuve el gozo de pararme en el Monte Sinaí, lugar que recuerda la entrega del Decálogo y de la primera Alianza. Un mes después retomé el camino, llegando al Monte Nebo y visitando luego los mismos lugares habitados y santificados por el Redentor. Es difícil expresar la emoción que experimenté al poder venerar los lugares del nacimiento y de la vida de Cristo, en Belén y Nazaret, al celebrar la Eucaristía en el Cenáculo, en el mismo lugar de su institución, al meditar el misterio de la Cruz sobre el Gólgota, donde Él dio su vida por nosotros. En aquellos lugares, aún tan probados e incluso recientemente entristecidos por la violencia, pude experimentar una acogida extraordinaria no solo por parte de los hijos de la Iglesia, sino también por parte de las comunidades israelita y palestina. Grande fue mi emoción en la oración ante el Muro de las Lamentaciones y durante la visita al Mausoleo de Yad Vashem, en el recuerdo aterrador de las víctimas de los campos de exterminio nazis. Aquella peregrinación fue un momento de fraternidad y de paz, que me complace señalar como uno de los dones más bellos del acontecimiento jubilar. Pensando en el clima vivido en aquellos días, expreso el sincero augurio de una pronta y justa solución de los problemas aún abiertos en aquellos lugares santos, tan queridos a la vez por los judíos, los cristianos y los musulmanes.

La deuda internacional

14. El Jubileo ha sido también, –y no podía ser de otro modo– un gran acontecimiento de caridad. Desde los años preparatorios, hice una llamada a una mayor y más comprometida atención a los problemas de la pobreza que aún afligen al mundo. Un significado particular ha tenido, a este respecto, el problema de la *deuda internacional de los Países pobres*. En relación con estos, un gesto de generosidad estaba en la lógica misma del Jubileo, que en su originaria configuración bíblica era precisamente el tiempo en el cual la comunidad se comprometía a restablecer la justicia y la solidaridad en las relaciones entre las personas, restituyendo también los bienes materiales substraídos. Me complace observar que recientemente los Parlamentos de muchos Estados acreedores han votado una reducción sustancial de la deuda bilateral que tienen los Países más pobres y endeudados. Formulo mis votos para que los respectivos Gobiernos acaten, en breve plazo, estas decisiones parlamentarias. Más problemática ha resultado, sin embargo, la cuestión de la deuda multilateral, contraída por Países pobres con los Organismos financieros internacionales. Es de desear que los Estados miembros de tales organizaciones, sobre todo los que tienen un mayor peso en las decisiones, logren encontrar el consenso necesario para llegar a una rápida solución de una cuestión de la

que depende el proceso de desarrollo de muchos Países, con graves consecuencias para la condición económica y existencial de tantas personas.

Un nuevo dinamismo

15. Estos son algunos de los aspectos más sobresalientes de la experiencia jubilar. Esta deja en nosotros muchos recuerdos. Pero si quisiéramos individualizar el núcleo esencial de la gran herencia que nos deja, no dudaría en concretarlo en la *contemplación del rostro de Cristo*: contemplado en sus coordenadas históricas y en su misterio, acogido en su múltiple presencia en la Iglesia y en el mundo, confesado como sentido de la historia y luz de nuestro camino.

Ahora tenemos que mirar hacia adelante, debemos «remar mar adentro», confiando en la palabra de Cristo: *Duc in altum!* Lo que hemos hecho este año no puede justificar una sensación de dejadez y menos aún llevarnos a una actitud de desinterés. Al contrario, las experiencias vividas deben *suscitar en nosotros un dinamismo nuevo*, empujándonos a emplear el entusiasmo experimentado en iniciativas concretas. Jesús mismo nos lo advierte: «Quien pone su mano en el arado y vuelve su vista atrás, no sirve para el Reino de Dios» (*Lc* 9, 62). En la causa del Reino no hay tiempo para mirar para atrás, y menos para dejarse llevar por la pereza. Es mucho lo que nos espera y por eso tenemos que emprender una eficaz programación pastoral post-jubilar.

Sin embargo, es importante que lo que nos propongamos, con la ayuda de Dios, esté fundado en la contemplación y en la oración. El nuestro es un tiempo de continuo movimiento, que a menudo desemboca en el activismo, con el riesgo fácil del «hacer por hacer». Tenemos que resistir a esta tentación, buscando «ser» antes que «hacer». Recordemos a este respecto el reproche de Jesús a Marta: «Tú te afanas y te preocupas por muchas cosas y sin embargo solo una es necesaria» (*Lc* 10,41-42). Con este espíritu, antes de someter a vuestra consideración unas líneas de acción, deseo haceros partícipes de algunos puntos de meditación sobre el misterio de Cristo, fundamento absoluto de toda nuestra acción pastoral.

II
UN ROSTRO PARA CONTEMPLAR

16. «Queremos ver a Jesús» (*Jn* 12, 21). Esta petición, hecha al apóstol Felipe por algunos griegos que habían acudido a Jerusalén para la peregrinación pascual, ha resonado también espiritualmente en nuestros oídos en este Año jubilar. Como aquellos peregrinos de hace dos mil años, los hombres de nuestro tiempo, quizás no siempre conscientemente, piden a los creyentes de hoy no solo «hablar» de Cristo, sino en cierto modo hacérselo «ver». ¿Y no es quizá cometido de la Iglesia reflejar la luz de Cristo en cada época de la historia y hacer resplandecer también su rostro ante las generaciones del nuevo milenio?

Nuestro testimonio sería, además, enormemente deficiente si nosotros no fuésemos los primeros *contempladores de su rostro*. El Gran Jubileo nos ha ayudado a serlo más profundamente. Al final del Jubileo, a la vez que reemprendemos el ritmo ordinario, llevando en el ánimo las ricas experiencias vividas durante este período singular, la mirada se queda más que nunca *fija en el rostro del Señor*.

El testimonio de los Evangelios

17. La contemplación del rostro de Cristo se centra sobre todo en lo que de Él dice la Sagrada Escritura que, desde el principio hasta el final, está impregnada de este misterio, señalado oscuramente en el Antiguo Testamento y revelado plenamente en el Nuevo, hasta el punto que San Jerónimo afirma con vigor: «Ignorar las Escrituras es ignorar a Cristo mismo»[8]. Teniendo como fundamento la *Escritura*, nos abrimos a la acción del Espíritu (cfr. *Jn* 15, 26), que es el origen de aquellos escritos, y, a la vez, al *testimonio de los Apóstoles* (cfr. *ibíd.*, 27), que tuvieron la experiencia viva de Cristo, la Palabra de vida, lo vieron con sus ojos, lo escucharon con sus oídos y lo tocaron con sus manos (cfr. *1 Jn* 1,1).

Lo que nos ha llegado por medio de ellos es una visión de fe, basada en un testimonio histórico preciso. Es un testimonio verdadero que los Evangelios, no obstante su compleja redacción y con una intención primordialmente catequética, nos transmitieron de una manera plenamente comprensible[9].

---

[8] «*Ignoratio enim Scripturarum ignoratio Christi est*»: *Comm. in Is., Prol.*: *PL* 24, 17.

[9] Cfr. Conc. Ecum. Vat. II, Const. dogm. *Dei Verbum*, sobre la divina revelación, 19.

18. En realidad los Evangelios no pretenden ser una biografía completa de Jesús según los cánones de la ciencia histórica moderna. Sin embargo, de ellos *emerge el rostro del Nazareno con un fundamento histórico seguro*, pues los Evangelistas se preocuparon de presentarlo recogiendo testimonios fiables (cfr. *Lc* 1, 3) y trabajando sobre documentos sometidos al atento discernimiento eclesial. Sobre la base de estos testimonios iniciales, ellos, bajo la acción iluminada del Espíritu Santo, descubrieron el dato humanamente desconcertante del nacimiento virginal de Jesús de María, esposa de José. De quienes lo habían conocido durante los casi treinta años transcurridos por Él en Nazaret (cfr. *Lc* 3, 23), recogieron los datos sobre su vida de «hijo del carpintero» (*Mt* 13, 55) y también como «carpintero», en medio de sus parientes (cfr. *Mc* 6, 3). Hablaron de su religiosidad, que lo movía a ir con los suyos en peregrinación anual al templo de Jerusalén (cfr. *Lc* 2, 41) y sobre todo porque acudía de forma habitual a la sinagoga de su ciudad (cfr. *Lc* 4, 16).

Después, los relatos serán más extensos, aún sin ser una narración orgánica y detallada, en el período del ministerio público, a partir del momento en que el joven galileo se hace bautizar por Juan el Bautista en el Jordán y, apoyado por el testimonio de lo alto, con la conciencia de ser el «Hijo amado» (cfr. *Lc* 3, 22), inicia su predicación de la venida del Reino de Dios, enseñando sus exigencias y su fuerza mediante palabras y signos de gracia y misericordia. Los Evangelios nos lo presentan así en camino por ciudades y aldeas, acompañado por doce Apóstoles elegidos por él (cfr. *Mc* 3, 13-19), por un grupo de mujeres que los ayudan (cfr. *Lc* 8, 2-3), por muchedumbres que lo buscan y lo siguen, por enfermos que imploran su poder de curación, por interlocutores que escuchan, con diferente eco, sus palabras.

La narración de los Evangelios coincide además en mostrar la creciente tensión que hay entre Jesús y los grupos dominantes de la sociedad religiosa de su tiempo, hasta la crisis final, que tiene su epílogo dramático en el Gólgota. Es la hora de las tinieblas, a la que seguirá una nueva, radiante y definitiva aurora. En efecto, las narraciones evangélicas terminan mostrando al Nazareno victorioso sobre la muerte, señalan la tumba vacía y lo siguen en el ciclo de las apariciones, en las cuales los discípulos, perplejos y atónitos antes, llenos de indecible gozo después, lo experimentan vivo y radiante, y de Él reciben el don del Espíritu Santo (cfr. *Jn* 20, 22) y el mandato de anunciar el Evangelio a «todas las gentes» (*Mt* 28, 19).

El camino de la fe

19. «Los discípulos se alegraron de ver al Señor» (*Jn* 20, 20). El rostro que los Apóstoles contemplaron después de la resurrección era el mismo de

aquel Jesús con quien habían vivido unos tres años, y que ahora los convencía de la verdad asombrosa de su nueva vida mostrándoles «las manos y el costado» (*ibíd.*). Ciertamente no fue fácil creer. Los discípulos de Emaús creyeron solo después de un laborioso itinerario del espíritu (cfr. *Lc* 24, 13-35). El apóstol Tomás creyó únicamente después de haber comprobado el prodigio (cfr. *Jn* 20, 24-29). En realidad, aunque se viese y se tocase su cuerpo, *solo la fe podía franquear el misterio de aquel rostro*. Esta era una experiencia que los discípulos debían haber hecho ya en la vida histórica de Cristo, con las preguntas que afloraban en su mente cada vez que se sentían interpelados por sus gestos y por sus palabras. A Jesús no se llega verdaderamente más que por la fe, a través de un camino cuyas etapas nos presenta el Evangelio en la bien conocida escena de Cesarea de Filipo (cfr. *Mt* 16, 13-20). A los discípulos, como haciendo un primer balance de su misión, Jesús les pregunta quién dice la «gente» que es Él, recibiendo como respuesta: «Unos, que Juan el Bautista; otros, que Elías; otros, que Jeremías o uno de los profetas» (*Mt* 16, 14). Respuesta elevada, pero distante aún –¡y cuánto!– de la verdad. El pueblo llega a entrever la dimensión religiosa realmente excepcional de este *rabbí* que habla de manera fascinante, pero que no consigue encuadrarlo entre los hombres de Dios que marcaron la historia de Israel. En realidad, ¡Jesús es muy distinto! Es precisamente este ulterior grado de conocimiento, que atañe al nivel profundo de su persona, lo que él espera de los «suyos»: «Y vosotros ¿quién decís que soy yo?» (*Mt* 16, 15). Solo la fe profesada por Pedro, y con él por la Iglesia de todos los tiempos, llega realmente al corazón, yendo a la profundidad del misterio: «Tú eres el Cristo, el Hijo de Dios vivo» (*Mt* 16, 16).

20. ¿Cómo llegó Pedro a esta fe? ¿Y qué se nos pide a nosotros si queremos seguir de modo cada vez más convencido sus pasos? Mateo nos da una indicación clarificadora en las palabras con que Jesús acoge la confesión de Pedro: «No te ha revelado esto la carne ni la sangre, sino mi Padre que está en los cielos» (*Mt* 16, 17). La expresión «carne y sangre» evoca al hombre y el modo común de conocer. Esto, en el caso de Jesús, no basta. Es necesaria una gracia de «revelación» que viene del Padre (cfr. *ibíd.*). Lucas nos ofrece un dato que sigue la misma dirección, haciendo notar que este diálogo con los discípulos se desarrolló mientras Jesús «estaba orando a solas» (*Lc* 9, 18). Ambas indicaciones nos hacen tomar conciencia del hecho de que a la contemplación plena del rostro del Señor no llegamos solo con nuestras fuerzas, sino dejándonos guiar por la gracia. Solo *la experiencia del silencio y de la oración* ofrece el horizonte adecuado en el que puede madurar y desarrollarse el conocimiento más auténtico, fiel y coherente, de aquel misterio, que tiene su expresión culminante en la solemne proclamación del evangelista Juan: «Y la

Palabra se hizo carne, y puso su Morada entre nosotros, y hemos contemplado su gloria, gloria que recibe del Padre como Hijo único, lleno de gracia y de verdad» (*Jn* 1, 14).

La profundidad del misterio

21. ¡La Palabra y la carne, la gloria divina y su morada entre los hombres! *En la unión íntima e inseparable de estas dos polaridades* está la identidad de Cristo, según la formulación clásica del Concilio de Calcedonia (a. 451): «Una persona en dos naturalezas». La persona es aquella, y sólo aquella, la Palabra eterna, el hijo del Padre. Sus dos naturalezas, sin confusión alguna, pero sin separación alguna posible, son la divina y la humana[10].

Somos conscientes de los límites de nuestros conceptos y palabras. La fórmula, aunque siempre humana, está sin embargo expresada cuidadosamente en su contenido doctrinal y nos permite asomarnos, en cierto modo, a la profundidad del misterio. Ciertamente, ¡Jesús es verdadero Dios y

---

[10] «Siguiendo, pues, a los Santos Padres, todos a una voz enseñamos que ha de confesarse a uno solo y el mismo Hijo, nuestro Señor Jesucristo, el mismo perfecto en la divinidad y el mismo perfecto en la humanidad, Dios verdaderamente, y el mismo verdaderamente hombre [...] uno solo y el mismo Cristo Hijo Señor unigénito en dos naturalezas, sin confusión, sin cambio, sin división, sin separación, [...] no partido o dividido en dos personas, sino uno solo y el mismo Hijo unigénito, Dios Verbo y Señor Jesucristo»: *DS* 301-302.

verdadero hombre! Como el apóstol Tomás, la Iglesia está invitada continuamente por Cristo a tocar sus llagas, es decir, a reconocer la plena humanidad asumida en María, entregada a la muerte, transfigurada por la resurrección: «Acerca aquí tu dedo y mira mis manos; trae tu mano y métela en mi costado» (*Jn* 20, 27). Como Tomás, la Iglesia se postra ante Cristo resucitado, en la plenitud de su divino esplendor, y exclama perennemente: ¡«Señor mío y Dios mío»! (*Jn* 20, 28).

22. «La Palabra se hizo carne» (*Jn* 1, 14). Esta espléndida presentación joánica del misterio de Cristo está confirmada por todo el Nuevo Testamento. En este sentido se sitúa también el apóstol Pablo cuando afirma que el Hijo de Dios nació de la estirpe de David «según la carne» (*Rm* 1, 3; cfr. 9, 5). Si hoy, con el racionalismo que reina en gran parte de la cultura contemporánea, es sobre todo la fe en la divinidad de Cristo lo que constituye un problema, en otros contextos históricos y culturales hubo más bien la tendencia a rebajar o desconocer el aspecto histórico concreto de la humanidad de Jesús. Pero para la fe de la Iglesia es esencial e irrenunciable afirmar que realmente la Palabra «se hizo carne» y asumió *todas las características del ser humano*, excepto el pecado (cfr. *Hb* 4, 15). En esta perspectiva, la Encarnación es verdaderamente una *kenosis*, un «despojarse», por parte del Hijo de Dios, de la gloria que tiene desde la eternidad (cfr. *Flp* 2, 6-8; *1 P* 3, 18).

Por otra parte, este rebajarse del Hijo de Dios no es un fin en sí mismo; tiende más bien a la plena glorificación de Cristo, incluso en su humanidad. «Por lo cual Dios le exaltó y le otorgó un Nombre sobre todo nombre. Para que al nombre de Jesús toda rodilla se doble en los cielos, en la tierra y en los abismos, y toda lengua confiese que Cristo Jesús es Señor para gloria de Dios Padre» (*Flp* 2, 9-11).

23. «Señor, busco tu rostro» (*Sal* 27/26,8). El antiguo anhelo del Salmista no podía recibir una respuesta mejor y sorprendente más que en la contemplación del rostro de Cristo. En él Dios nos ha bendecido verdaderamente y ha hecho «brillar su rostro sobre nosotros» (*Sal* 67/66, 3). Al mismo tiempo, Dios y hombre como es, Cristo nos revela también el auténtico rostro del hombre, «manifiesta plenamente el hombre al propio hombre»[11].

Jesús es el «hombre nuevo» (cfr. *Ef* 4, 24; *Col* 3, 10) que llama a participar de su vida divina a la humanidad redimida. En el misterio de la Encarnación están las bases para una antropología que es capaz de ir más allá de sus propios límites y contradicciones, moviéndose hacia Dios mismo, más aún, hacia la meta de la «divinización», a través de la incorporación a Cristo del hombre redimido, ad-

[11] Conc. Ecum. Vat. II, Const. past. *Gaudium et spes*, sobre la Iglesia en el mundo actual, 22.

mitido a la intimidad de la vida trinitaria. Sobre esta dimensión salvífica del misterio de la Encarnación los Padres han insistido mucho: solo porque el Hijo de Dios se hizo verdaderamente hombre, el hombre puede, en él y por medio de él, llegar a ser realmente hijo de Dios[12].

Rostro del Hijo

24. Esta identidad divino-humana brota vigorosamente de los Evangelios, que nos ofrecen una serie de elementos gracias a los cuales podemos introducirnos en la «zona-límite» del misterio, representada por la *autoconciencia de Cristo*. La Iglesia no duda de que en su narración los Evangelistas, inspirados por el Espíritu Santo, captaran correctamente, en las palabras pronunciadas por Jesús, la verdad que Él tenía sobre su conciencia y su persona. ¿No es quizás esto lo que nos quiere decir Lucas, recogiendo las primeras palabras de Jesús, apenas con doce años, en el templo de Jerusalén? Entonces Él aparece ya consciente de tener una relación única con Dios, como es la propia del «hijo». En efecto, a su Madre, que le hace notar la angustia con que ella y José lo han buscado, Jesús responde sin dudar: «¿Por qué me buscabais? ¿No sabíais

[12] A este respecto observa San Atanasio: «El hombre no podía ser divinizado permaneciendo unido a una criatura, si el Hijo no fuese verdaderamente Dios», *Discurso II contra los Arrianos* 70: *PG* 26, 425 B - 426 G.

que yo debía estar en la casa de mi Padre?» (*Lc* 2, 49). No es de extrañar, pues, que, en la madurez, su lenguaje expresara firmemente la profundidad de su misterio, como está abundantemente subrayado tanto por los Evangelios sinópticos (cfr. *Mt* 11, 27; *Lc* 10, 22), como por el evangelista Juan. En su autoconciencia Jesús no tiene dudas: «El Padre está en mí, y yo en el Padre» (*Jn* 10, 38).

Aunque sea lícito pensar que, por su condición humana que lo hacía crecer «en sabiduría, en estatura y en gracia» (*Lc* 2, 52), la conciencia humana de su misterio progresa también hasta la plena expresión de su humanidad glorificada, no hay duda de que ya en su existencia terrena Jesús tenía conciencia de su identidad de Hijo de Dios. Juan lo subraya llegando a afirmar que, en definitiva, por esto fue rechazado y condenado. En efecto, buscaban matarlo, «porque no solo quebrantaba el sábado, sino que llamaba a Dios su propio Padre, haciéndose a sí mismo igual a Dios» (*Jn* 5, 18). En el marco de Getsemaní y del Gólgota, la conciencia humana de Jesús se verá sometida a la prueba más dura. Pero ni siquiera el drama de la pasión y muerte conseguirá afectar su serena seguridad de ser el Hijo del Padre celestial.

Rostro doliente

25. La contemplación del rostro de Cristo nos lleva así a acercarnos al *aspecto más paradójico de su*

misterio, como se ve en la hora extrema, la hora de la Cruz. Misterio en el misterio, ante el cual el ser humano ha de postrarse en adoración.

Pasa ante nuestra mirada la intensidad de la escena de la agonía en el huerto de los Olivos. Jesús, abrumado por la previsión de la prueba que le espera, solo ante Dios, lo invoca con su habitual y tierna expresión de confianza: «¡Abbá, Padre!». Le pide que aleje de Él, si es posible, la copa del sufrimiento (cfr. *Mc* 14, 36). Pero el Padre parece que no quiere escuchar la voz del Hijo. Para devolver al hombre el rostro del Padre, Jesús debió no solo asumir el rostro del hombre, sino cargarse incluso del «rostro» del pecado. «Quien no conoció pecado, se hizo pecado por nosotros, para que viniésemos a ser justicia de Dios en él» (*2 Co* 5, 21).

Nunca acabaremos de conocer la profundidad de este misterio. Es toda la aspereza de esta paradoja la que emerge en el grito de dolor, aparentemente desesperado, que Jesús da en la cruz: *Eloí, Eloí, ¿lema sabactaní?* –que quiere decir– *¡Dios mío, Dios mío! ¿por qué me has abandonado?* (*Mc* 15, 34). ¿Es posible imaginar un sufrimiento mayor, una oscuridad más densa? En realidad, el angustioso «por qué» dirigido al Padre con *las palabras iniciales del Salmo 22*, aun conservando todo el realismo de un dolor indecible, se ilumina con el sentido de toda la oración en la que el Salmista presenta unidos, en un conjunto conmovedor de sentimientos, el sufrimiento y la confianza. En efecto, continúa el Salmo: «En ti esperaron nuestros padres, esperaron y tú los liberaste... ¡No andes lejos de mí, que la angustia está cerca, no hay para mí socorro!» (22/21, 5.12).

26. El grito de Jesús en la cruz, queridos hermanos y hermanas, no delata la angustia de un desesperado, sino la oración del Hijo que ofrece su vida al Padre en el amor para la salvación de todos. Mientras se identifica con nuestro pecado, «abandonado» por el Padre, Él se «abandona» en las manos del Padre. Fija sus ojos en el Padre. Precisamente por el conocimiento y la experiencia que solo Él tiene de Dios, incluso en este momento de oscuridad, ve límpidamente la gravedad del pecado y sufre por esto. Solo Él, que ve al Padre y lo goza plenamente, valora profundamente qué significa resistir con el pecado a su amor. Antes aun, y mucho más que en el cuerpo, su pasión es sufrimiento atroz del alma. La tradición teológica no ha evitado preguntarse cómo Jesús pudiera vivir a la vez la unión profunda con el Padre, fuente naturalmente de alegría y felicidad, y la agonía hasta el grito de abandono. La copresencia de estas dos dimensiones aparentemente inconciliables está arraigada realmente en la profundidad insondable de la unión hipostática.

27. Ante este misterio, además de la investigación teológica, podemos encontrar una ayuda eficaz en

aquel patrimonio que es *la «teología vivida» de los Santos*. Ellos nos ofrecen unas indicaciones preciosas que permiten acoger más fácilmente la intuición de la fe, y esto gracias a las luces particulares que algunos de ellos han recibido del Espíritu Santo, o incluso a través de la experiencia que ellos mismos han hecho de los terribles estados de prueba que la tradición mística describe como «noche oscura». Muchas veces los Santos han vivido *algo semejante a la experiencia de Jesús en la cruz* en la paradójica confluencia de felicidad y dolor. En el *Diálogo de la Divina Providencia* Dios Padre muestra a *Catalina de Siena* cómo en las almas santas puede estar presente la alegría junto con el sufrimiento: «Y el alma está feliz y doliente: doliente por los pecados del prójimo, feliz por la unión y por el afecto de la caridad que ha recibido en sí misma. Ellos imitan al Cordero inmaculado, a mi Hijo Unigénito, el cual estando en la cruz estaba feliz y doliente»[13]. Del mismo modo *Teresa de Lisieux* vive su agonía en comunión con la de Jesús, verificando en sí misma precisamente la misma paradoja de Jesús feliz y angustiado: «Nuestro Señor en el huerto de los Olivos gozaba de todas las alegrías de la Trinidad, sin embargo su agonía no era menos cruel. Es un misterio, pero le aseguro que, de lo que pruebo yo misma, comprendo algo»[14]. Es un testimonio

---

[13] N. 78.

[14] *Últimos Coloquios. Cuaderno amarillo*, 6 de julio de 1897: *Opere complete*, Ciudad del Vaticano 1997, 1003.

muy claro. Por otra parte, la misma narración de los Evangelistas da lugar a esta percepción eclesial de la conciencia de Cristo cuando recuerda que, aun en su profundo dolor, Él muere implorando el perdón para sus verdugos (cfr. *Lc* 23, 34) y expresando al Padre su extremo abandono filial: «Padre, en tus manos pongo mi espíritu» (*Lc* 23, 46).

Rostro del Resucitado

28. Como en el Viernes y en el Sábado Santo, la Iglesia permanece en la contemplación de este rostro ensangrentado, en el cual se esconde la vida de Dios y se ofrece la salvación del mundo. Pero esta contemplación del rostro de Cristo no puede reducirse a su imagen de crucificado. *¡Él es el Resucitado!* Si no fuese así, vana sería nuestra predicación y vana nuestra fe (cfr. *1 Co* 15, 14). La resurrección fue la respuesta del Padre a la obediencia de Cristo, como recuerda la Carta a los Hebreos: «El cual, habiendo ofrecido en los días de su vida mortal ruegos y súplicas con poderoso clamor y lágrimas al que podía salvarle de la muerte, fue escuchado por su actitud reverente, y aun siendo Hijo, con lo que padeció experimentó la obediencia; y llegado a la perfección, se convirtió en causa de salvación eterna para todos los que le obedecen» (*Hb* 5, 7-9).

La Iglesia mira ahora a Cristo resucitado. Lo hace siguiendo los pasos de Pedro, que lloró por haberle negado y retomó su camino confesando, con comprensible temor, su amor a Cristo: «Tú sabes que te quiero» (*Jn* 21, 15.17). Lo hace unida a Pablo, que lo encontró en el camino de Damasco y quedó impactado por Él: «Para mí la vida es Cristo, y la muerte, una ganancia» (*Flp* 1, 21).

Después de dos mil años de estos acontecimientos, la Iglesia los vive como si hubieran sucedido hoy. En el rostro de Cristo ella, su Esposa, contempla su tesoro y su alegría. *Dulcis Iesu memoria, dans vera cordis gaudia*: ¡cuán dulce es el recuerdo de Jesús, fuente de verdadera alegría del corazón! La Iglesia, animada por esta experiencia, retoma hoy su camino para anunciar a Cristo al mundo, al inicio del tercer milenio: Él «es el mismo ayer, hoy y siempre» (*Hb* 13, 8).

III
CAMINAR DESDE CRISTO

29. «He aquí que yo estoy con vosotros todos los días hasta el fin del mundo» (*Mt* 28, 20). Esta certeza, queridos hermanos y hermanas, ha acompañado a la Iglesia durante dos milenios y se ha avivado ahora en nuestros corazones por la celebración del Jubileo. De ella debemos sacar un *renovado impulso en la vida cristiana*, haciendo que sea, además, la fuerza inspiradora de nuestro camino. Conscientes de esta presencia del Resucitado entre nosotros, nos planteamos hoy la pregunta dirigida a Pedro en Jerusalén, inmediatamente después de su discurso de Pentecostés: «¿Qué hemos de hacer, hermanos?» (*Hch* 2, 37).

Nos lo preguntamos con confiado optimismo, aunque sin minusvalorar los problemas. No nos satisface ciertamente la ingenua convicción de que haya una fórmula mágica para los grandes desafíos de nuestro tiempo. No, no será una fórmula lo que nos salve, pero sí una Persona y la certeza que ella nos infunde: *¡Yo estoy con vosotros!*

No se trata, pues, de inventar un nuevo programa. El programa ya existe. Es el de siempre, recogido por el Evangelio y la Tradición viva. Se centra, en definitiva, en Cristo mismo, al que hay que conocer, amar e imitar, para vivir en Él la vida trinitaria y transformar con Él la historia hasta su perfeccionamiento en la Jerusalén celeste. Es un programa que no cambia al variar los tiempos y las culturas, aunque tiene cuenta del tiempo y de la cultura para un verdadero diálogo y una comunicación eficaz.

Sin embargo, es necesario que el programa formule *orientaciones pastorales adecuadas a las condiciones de cada comunidad*. El Jubileo nos ha ofrecido la oportunidad extraordinaria de dedicarnos, durante algunos años, a un camino de unidad en toda la Iglesia, un camino de catequesis articulada sobre el tema trinitario y acompañada por objetivos pastorales orientados hacia una fecunda experiencia jubilar. Doy las gracias por la cordial adhesión con la que ha sido acogida la propuesta que hice en la Carta apostólica *Tertio millennio adveniente*. Sin embargo, ahora ya no estamos ante una meta inmediata, sino ante el mayor y no menos comprometedor horizonte de la pastoral ordinaria. Dentro de las coordenadas universales e irrenunciables, es necesario que el único programa del Evangelio siga introduciéndose en la historia de cada comunidad eclesial, como siempre se ha hecho. En las *Iglesias locales* es donde se pueden establecer aquellas indicaciones programáticas concretas –objetivos y métodos de trabajo, de formación y valorización de los agentes y la búsqueda de los medios necesarios– que permiten que el anuncio de Cristo llegue a las personas, modele las comunidades e incida profundamente mediante el testimonio de los valores evangélicos en la sociedad y en la cultura.

Por tanto, exhorto ardientemente a los Pastores de las Iglesias particulares a que, ayudados por la participación de los diversos sectores del Pueblo de Dios, señalen las etapas del camino futuro, sintonizando las opciones de cada Comunidad diocesana con las de las Iglesias colindantes y con las de la Iglesia universal.

Dicha sintonía será ciertamente más fácil por el trabajo colegial, que ya se ha hecho habitual, desarrollado por los Obispos en las Conferencias episcopales y en los Sínodos. ¿No ha sido este quizás el objetivo de las Asambleas de los Sínodos, que han precedido la preparación al Jubileo, elaborando orientaciones significativas para el anuncio actual del Evangelio en los múltiples contextos y las diversas culturas? No se debe perder este rico patrimonio de reflexión, sino hacerlo concretamente operativo.

Nos espera, pues, una apasionante tarea de renacimiento pastoral. Una obra que implica a todos. Sin embargo, deseo señalar, como punto de referencia y orientación común, *algunas prioridades pastorales* que la experiencia misma del Gran Jubileo ha puesto especialmente de relieve ante mis ojos.

La santidad

30. En primer lugar, no dudo en decir que la perspectiva en la que debe situarse el camino pastoral es el de la *santidad*. ¿Acaso no era este el sentido último de la indulgencia jubilar, como gracia especial ofrecida por Cristo para que la vida de cada bautizado pudiera purificarse y renovarse profundamente?

Espero que, entre quienes han participado en el Jubileo, hayan sido muchos los beneficiados con esta gracia, plenamente conscientes de su carácter exigente. Terminado el Jubileo, empieza de nuevo el camino ordinario; pero hacer hincapié en la santidad es más que nunca una urgencia pastoral.

Conviene además descubrir en todo su valor programático el capítulo V de la Constitución dogmática *Lumen gentium* sobre la Iglesia, dedicado a la «vocación universal a la santidad». Si los Padres conciliares concedieron tanto relieve a esta temática no fue para dar una especie de toque espiritual a la eclesiología, sino más bien para poner de relieve una dinámica intrínseca y determinante. Descubrir a la Iglesia como «misterio», es decir, como pueblo «congregado en la unidad del Padre, del Hijo y del Espíritu Santo»[15], llevaba a descubrir también su «santidad», entendida en su sentido fundamental de pertenecer a Aquel que por excelencia es el Santo, el «tres veces Santo» (cfr. *Is* 6,3). Confesar a la Iglesia como santa significa mostrar su rostro de *Esposa de Cristo*, por la cual Él se entregó, precisamente para santificarla (cfr. *Ef* 5, 25-26). Este don de santidad, por así decir, objetiva, se da a cada bautizado.

Pero el don se plasma a su vez en un compromiso que ha de dirigir toda la vida cristiana: «Esta es la voluntad de Dios: vuestra santificación» (*1 Ts* 4, 3). Es un compromiso que no afecta solo a algunos cristianos: «Todos los cristianos, de cualquier clase o condición, están llamados a la plenitud de la vida cristiana y a la perfección del amor»[16].

31. Recordar esta verdad elemental, poniéndola como fundamento de la programación pastoral que nos atañe al inicio del nuevo milenio, podría parecer, en un primer momento, algo poco práctico. ¿Acaso se puede «programar» la santidad?

---

[15] San Cipriano, *De Orat. Dom.* 23: *PL* 4, 553; cfr. *Lumen gentium*, sobre la Iglesia, 4.

[16] Conc. Ecum. Vat. II, Const. dogm. *Lumen gentium*, sobre la Iglesia, 40.

¿Qué puede significar esta palabra en la lógica de un plan pastoral?

En realidad, poner la programación pastoral bajo el signo de la santidad es una opción llena de consecuencias. Significa expresar la convicción de que, si el Bautismo es una verdadera entrada en la santidad de Dios por medio de la inserción en Cristo y la inhabitación de su Espíritu, sería un contrasentido contentarse con una vida mediocre, vivida según una ética minimalista y una religiosidad superficial. Preguntar a un catecúmeno, «¿quieres recibir el Bautismo?», significa al mismo tiempo preguntarle, «¿quieres ser santo?». Significa ponerle en el camino del Sermón de la Montaña: «Sed perfectos como es perfecto vuestro Padre celestial» (*Mt* 5, 48).

Como el Concilio mismo explicó, este ideal de perfección no ha de ser malentendido, como si implicase una especie de vida extraordinaria, practicable solo por algunos «genios» de la santidad. Los caminos de la santidad son múltiples y adecuados a la vocación de cada uno. Doy gracias al Señor que me ha concedido beatificar y canonizar durante estos años a tantos cristianos y, entre ellos a muchos laicos que se han santificado en las circunstancias más ordinarias de la vida. Es el momento de proponer de nuevo a todos con convicción este *«alto grado» de la vida cristiana ordinaria*. La vida entera de la comunidad eclesial y de las familias cristianas debe ir en esta dirección. Pero también es evidente que los caminos de la santidad son personales y exigen una *pedagogía de la santidad* verdadera y propia, que sea capaz de adaptarse a los ritmos de cada persona. Esta pedagogía debe enriquecer la propuesta dirigida a todos con las formas tradicionales de ayuda personal y de grupo, y con las formas más recientes ofrecidas en las asociaciones y en los movimientos reconocidos por la Iglesia.

La oración

32. Para esta pedagogía de la santidad es necesario un cristianismo que se distinga ante todo en el *arte de la oración*. El Año jubilar ha sido un año de oración personal y comunitaria más intensa. Pero sabemos bien que rezar tampoco es algo que pueda darse por supuesto. Es preciso aprender a orar, como aprendiendo de nuevo este arte de los labios mismos del divino Maestro, como los primeros discípulos: «Señor, enséñanos a orar» (*Lc* 11, 1). En la plegaria se desarrolla ese diálogo con Cristo que nos convierte en sus íntimos: «Permaneced en mí, como yo en vosotros» (*Jn* 15, 4). Esta reciprocidad es el fundamento mismo, el alma de la vida cristiana y una condición para toda vida pastoral auténtica. Realizada en nosotros por el Espíritu Santo, nos abre, por Cristo y en Cristo, a la contemplación del rostro del Padre. Aprender esta ló-

gica trinitaria de la oración cristiana, viviéndola plenamente ante todo en la liturgia, cumbre y fuente de la vida eclesial[17], pero también de la experiencia personal, es el secreto de un cristianismo realmente vital, que no tiene motivos para temer el futuro, porque vuelve continuamente a las fuentes y se regenera en ellas.

33. ¿No es acaso un «signo de los tiempos» el que hoy, a pesar de los vastos procesos de secularización, se detecte una *difusa exigencia de espiritualidad*, que en gran parte se manifiesta precisamente en *una renovada necesidad de orar*? También las otras religiones, ya presentes extensamente en los territorios de antigua cristianización, ofrecen sus propias respuestas a esta necesidad, y lo hacen a veces de manera atractiva. Nosotros, que tenemos la gracia de creer en Cristo, revelador del Padre y Salvador del mundo, debemos enseñar a qué grado de interiorización nos puede llevar la relación con Él.

La gran tradición mística de la Iglesia, tanto en Oriente como en Occidente, puede enseñar mucho a este respecto. Muestra cómo la oración puede avanzar, como verdadero y propio diálogo de amor, hasta hacer que la persona humana sea poseída totalmente por el divino Amado, sensible al impulso del Espíritu y abandonada filialmente en

[17] Cfr. Conc. Ecum. Vat. II, Const. *Sacrosanctum Concilium*, sobre la sagrada liturgia, 10.

el corazón del Padre. Entonces se realiza la experiencia viva de la promesa de Cristo: «El que me ame, será amado de mi Padre; y yo le amaré y me manifestaré a él» (*Jn* 14, 21). Se trata de un camino sostenido enteramente por la gracia, el cual, sin embargo, requiere un intenso compromiso espiritual que encuentra también dolorosas purificaciones (la «noche oscura»), pero que llega, de tantas formas posibles, al indecible gozo vivido por los místicos como «unión esponsal». ¿Cómo no recordar aquí, entre tantos testimonios espléndidos, la doctrina de San Juan de la Cruz y de Santa Teresa de Jesús?

Sí, queridos hermanos y hermanas, nuestras comunidades cristianas tienen que llegar a ser *auténticas «escuelas de oración»*, donde el encuentro con Cristo no se exprese solamente en petición de ayuda, sino también en acción de gracias, alabanza, adoración, contemplación, escucha y viveza de afecto hasta el «arrebato del corazón. Una oración intensa, pues, que sin embargo no aparta del compromiso en la historia: abriendo el corazón al amor de Dios, lo abre también al amor de los hermanos, y nos hace capaces de construir la historia según el designio de Dios.[18]

---

[18] Cfr. Congr. para la Doctrina de la Fe, Carta *Orationis formas*, sobre algunos aspectos de la meditación cristiana, 15 de octubre de 1989: *AAS* 82 (1990), 362-379.

34. Ciertamente, los fieles que han recibido el don de la vocación a una vida de especial consagración están llamados de manera particular a la oración: por su naturaleza, la consagración les hace más disponibles para la experiencia contemplativa, y es importante que ellos la cultiven con generosa dedicación. Pero se equivoca quien piense que el común de los cristianos se puede conformar con una oración superficial, incapaz de llenar su vida. Especialmente ante tantos modos en que el mundo de hoy pone a prueba la fe, no solo serían cristianos mediocres, sino «cristianos con riesgo». En efecto, correrían el riesgo insidioso de que su fe se debilitara progresivamente, y quizás acabarían por ceder a la seducción de los sucedáneos, acogiendo propuestas religiosas alternativas y transigiendo incluso con formas extravagantes de superstición. Hace falta, pues, que la educación en la oración se convierta de alguna manera en un punto determinante de toda programación pastoral. Yo mismo me he propuesto dedicar las próximas catequesis de los miércoles a la *reflexión sobre los Salmos*, comenzando por los de la oración de Laudes, con la cual la Iglesia nos invita a «consagrar» y orientar nuestra jornada. Cuánto ayudaría que no solo en las comunidades religiosas, sino también en las parroquiales, nos esforzáramos más para que todo el ambiente espiritual estuviera marcado por la oración. Convendría valorizar, con el oportuno discernimiento, las formas populares y sobre todo

educar en las litúrgicas. Está quizá más cercano de lo que ordinariamente se cree, el día en que en la comunidad cristiana se conjuguen los múltiples compromisos pastorales y de testimonio en el mundo con la celebración eucarística y quizás con el rezo de Laudes y Vísperas. Lo demuestra la experiencia de tantos grupos comprometidos cristianamente, incluso con una buena representación de seglares.

La Eucaristía dominical

35. El mayor empeño se ha de poner, pues, en la liturgia, «cumbre a la cual tiende la actividad de la Iglesia y al mismo tiempo la fuente de donde mana toda su fuerza»[19]. En el siglo XX, especialmente a partir del Concilio, la comunidad cristiana ha ganado mucho en el modo de celebrar los Sacramentos y sobre todo la Eucaristía. Es preciso insistir en este sentido, dando un realce particular a la *Eucaristía dominical* y al *domingo* mismo, sentido como día especial de la fe, día del Señor resucitado y del don del Espíritu, verdadera Pascua de la semana[20]. Desde hace dos mil años, el tiempo cristiano está marcado por la memoria de aquel «primer día después del sábado» (*Mc* 16, 2.9; *Lc* 24, 1; *Jn* 20, 1) en

---

[19] Cfr. Conc. Ecum. Vat. II, Const. *Sacrosanctum Concilium*, sobre la sagrada liturgia, 10.

[20] Cart. ap. *Dies Domini*, 19: *AAS* 90 (1998), 724.

el que Cristo resucitado llevó a los Apóstoles el don de la paz y del Espíritu (cfr. *Jn* 20, 19-23). La verdad de la resurrección de Cristo es el dato originario sobre el que se apoya la fe cristiana (cfr. *1 Co* 15, 14), acontecimiento que es el *centro del misterio del tiempo* y que prefigura el último día, cuando Cristo vuelva glorioso. No sabemos qué acontecimientos nos reservará el milenio que está comenzando, pero tenemos la certeza de que éste permanecerá firmemente en las manos de Cristo, el «Rey de Reyes y Señor de los Señores» (*Ap* 19, 16) y precisamente celebrando su Pascua, no solo una vez al año sino cada domingo, la Iglesia seguirá indicando a cada generación «lo que constituye el eje central de la historia, con el cual se relacionan el misterio del principio y del destino final del mundo»[21].

36. Por tanto, quisiera insistir, en la línea de la Exhortación «Dies Domini», para que la *participación en la Eucaristía* sea, para cada bautizado, el *centro del domingo*. Es un deber irrenunciable, que se ha de vivir no solo para cumplir un precepto, sino como necesidad de una vida cristiana verdaderamente consciente y coherente. Estamos entrando en un milenio que se presenta caracterizado por un profundo entramado de culturas y religiones incluso en Países de antigua cristianización. En muchas regiones los cristianos son, o lo están siendo,

[21] *Ibíd.*, 2: *l.c.*, 714.

un «pequeño rebaño» (*Lc* 12, 32). Esto les pone ante el reto de testimoniar con mayor fuerza, a menudo en condiciones de soledad y dificultad, los aspectos específicos de su propia identidad. El deber de la participación eucarística cada domingo es una de estos. La Eucaristía dominical, congregando semanalmente a los cristianos como familia de Dios entorno a la mesa de la Palabra y del Pan de vida, es también el antídoto más natural contra la dispersión. Es el lugar privilegiado donde la comunión es anunciada y cultivada constantemente. Precisamente a través de la participación eucarística, el *día del Señor* se convierte también en el *día de la Iglesia*[22], que puede desempeñar así de manera eficaz su papel de sacramento de unidad.

El sacramento de la Reconciliación

37. Deseo pedir, además, una renovada valentía pastoral para que la pedagogía cotidiana de la comunidad cristiana sepa proponer de manera convincente y eficaz la práctica del *Sacramento de la Reconciliación*. Como se recordará, en 1984 intervine sobre este tema con la Exhortación postsinodal *Reconciliatio et paenitentia*, que recogía los frutos de la reflexión de una Asamblea del Sínodo de los Obispos, dedicada a esta problemática. Entonces invitaba a esforzarse por todos los medios para

[22] Cfr. *Ibíd.*, 35: *l.c.*, 734.

afrontar la crisis del «sentido del pecado» que se da en la cultura contemporánea[23], pero más aún, invitaba a hacer descubrir a Cristo como *mysterium pietatis*, en el que Dios nos muestra su corazón misericordioso y nos reconcilia plenamente consigo. Este es el rostro de Cristo que conviene hacer descubrir también a través del sacramento de la penitencia que, para un cristiano, «*es el camino ordinario* para obtener el perdón y la remisión de sus pecados graves cometidos después del Bautismo»[24]. Cuando el mencionado Sínodo afrontó el problema, era patente a todos la crisis del Sacramento, especialmente en algunas regiones del mundo. Los motivos que lo originan no se han desvanecido en este breve lapso de tiempo. Pero el Año jubilar, que se ha caracterizado particularmente por el recurso a la Penitencia sacramental nos ha ofrecido un mensaje alentador, que no se ha de desperdiciar: si muchos, entre ellos tantos jóvenes, se han acercado con fruto a este sacramento, probablemente es necesario que los Pastores tengan mayor confianza, creatividad y perseverancia en presentarlo y valorizarlo. ¡No debemos rendirnos, queridos hermanos sacerdotes, ante las crisis contemporáneas! Los dones del Señor –y los Sacramentos son de los más preciosos– vienen de

---

[23] Cfr. n. 18: *AAS* 77 (1985), 224.
[24] *Ibíd.*, 31: *l.c.*, 258.

Aquel que conoce bien el corazón del hombre y es el Señor de la historia.

Primacía de la gracia

38. En la programación que nos espera, trabajar con mayor confianza en una pastoral que dé prioridad a la oración, personal y comunitaria, significa respetar un principio esencial de la visión cristiana de la vida: *la primacía de la gracia*. Hay una tentación que insidia siempre todo camino espiritual y la acción pastoral misma: pensar que los resultados dependen de nuestra capacidad de hacer y programar. Ciertamente, Dios nos pide una colaboración real a su gracia y, por tanto, nos invita a utilizar todos los recursos de nuestra inteligencia y capacidad operativa en nuestro servicio a la causa del Reino. Pero no se ha de olvidar que, sin Cristo, «no podemos hacer nada» (cfr. *Jn* 15, 5).

La oración nos hace vivir precisamente en esta verdad. Nos recuerda constantemente la primacía de Cristo y, en relación con Él, la primacía de la vida interior y de la santidad. Cuando no se respeta este principio, ¿ha de sorprender que los proyectos pastorales lleven al fracaso y dejen en el alma un humillante sentimiento de frustración? Hagamos, pues, la experiencia de los discípulos en el episodio evangélico de la pesca milagrosa: «Maestro, hemos estado bregando toda la noche y no hemos pescado nada» (*Lc* 5, 5). Este es el momento de la fe, de la oración, del diálogo con Dios, para abrir el corazón a la acción de la gracia y permitir a la palabra de Cristo que pase por nosotros con toda su fuerza: *Duc in altum!* En aquella ocasión, fue Pedro quien habló con fe: «en tu palabra, echaré las redes» (*ibíd.*). Permitidle al Sucesor de Pedro que, en el comienzo de este milenio, invite a toda la Iglesia a este acto de fe, que se expresa en un renovado compromiso de oración.

Escucha de la Palabra

39. No cabe duda de que esta primacía de la santidad y de la oración solo se puede concebir a partir de una renovada *escucha de la palabra de Dios*. Desde que el Concilio Vaticano II ha subrayado el papel preeminente de la palabra de Dios en la vida de la Iglesia, ciertamente se ha avanzado mucho en la asidua escucha y en la lectura atenta de la Sagrada Escritura. Ella ha recibido el honor que le corresponde en la oración pública de la Iglesia. Tanto las personas individualmente como las comunidades recurren ya en gran número a la Escritura, y entre los laicos mismos son muchos quienes se dedican a ella con la valiosa ayuda de estudios teológicos y bíblicos. Precisamente con esta atención a la palabra de Dios se está revitalizando principalmente la tarea de la evangelización y la catequesis. Hace falta, queridos hermanos y hermanas, consolidar y profundizar esta orienta-

ción, incluso a través de la difusión de la Biblia en las familias. Es necesario, en particular, que la escucha de la Palabra se convierta en un encuentro vital, en la antigua y siempre válida tradición de la *lectio divina*, que permite encontrar en el texto bíblico la palabra viva que interpela, orienta y modela la existencia.

Anuncio de la Palabra

40. Alimentarnos de la Palabra para ser «servidores de la Palabra» en el compromiso de la evangelización, es indudablemente una prioridad para la Iglesia al comienzo del nuevo milenio. Ha pasado ya, incluso en los Países de antigua evangelización, la situación de una «sociedad cristiana», la cual, aún con las múltiples debilidades humanas, se basaba explícitamente en los valores evangélicos. Hoy se ha de afrontar con valentía una situación que cada vez es más variada y comprometida, en el contexto de la globalización y de la nueva y cambiante situación de pueblos y culturas que la caracteriza. He repetido muchas veces en estos años la «llamada» a la *nueva evangelización*. La reitero ahora, sobre todo para indicar que hace falta reavivar en nosotros el impulso de los orígenes, dejándonos impregnar por el ardor de la predicación apostólica después de Pentecostés. Hemos de revivir en nosotros el sentimiento apremiante de Pa-

blo, que exclamaba: «¡ay de mí si no predicara el Evangelio!» (*1 Co* 9, 16).

Esta pasión suscitará en la Iglesia una nueva acción misionera, que no podrá ser delegada a unos pocos «especialistas», sino que acabará por implicar la responsabilidad de todos los miembros del Pueblo de Dios. Quien ha encontrado verdaderamente a Cristo no puede tenerlo solo para sí, debe anunciarlo. Es necesario un nuevo impulso apostólico que sea vivido, como *compromiso cotidiano de las comunidades y de los grupos cristianos*. Sin embargo, esto debe hacerse respetando debidamente el camino siempre distinto de cada persona y atendiendo a las diversas culturas en las que ha de llegar el mensaje cristiano, de tal manera que no se nieguen los valores peculiares de cada pueblo, sino que sean purificados y llevados a su plenitud.

El cristianismo del tercer milenio debe responder cada vez mejor a esta *exigencia de inculturación*. Permaneciendo plenamente uno mismo, en total fidelidad al anuncio evangélico y a la tradición eclesial, llevará consigo también el rostro de tantas culturas y de tantos pueblos en que ha sido acogido y arraigado. De la belleza de este rostro pluriforme de la Iglesia hemos gozado particularmente en este Año jubilar. Quizás es solo el comienzo, un icono apenas esbozado del futuro que el Espíritu de Dios nos prepara.

La propuesta de Cristo se ha de hacer a todos

con confianza. Se ha de dirigir a los adultos, a las familias, a los jóvenes, a los niños, sin esconder nunca las exigencias más radicales del mensaje evangélico, atendiendo a las exigencias de cada uno, por lo que se refiere a la sensibilidad y al lenguaje, según el ejemplo de Pablo cuando decía: «Me he hecho todo a todos para salvar a toda costa a algunos» (*1 Co* 9, 22). Al recomendar todo esto, pienso en particular en la *pastoral juvenil*. Precisamente por lo que se refiere a los jóvenes, como antes he recordado, el Jubileo nos ha ofrecido un testimonio consolador de generosa disponibilidad. Hemos de saber valorizar aquella respuesta alentadora, empleando aquel entusiasmo como un nuevo talento (cfr. *Mt* 25, 15) que Dios ha puesto en nuestras manos para que lo hagamos fructificar.

41. Que nos ayude y oriente, en esta acción misionera confiada, emprendedora y creativa, el ejemplo esplendoroso de tantos testigos de la fe que el Jubileo nos ha hecho recordar. La Iglesia ha encontrado siempre, en sus mártires, una semilla de vida. *Sanguis martyrum, semen christianorum*[25]. Esta célebre «ley» enunciada por Tertuliano, se ha demostrado siempre verdadera ante la prueba de la historia. ¿No será así también para el siglo y para el milenio que estamos iniciando? Quizás estábamos demasiado acostumbrados a pensar en los mártires en términos un poco lejanos, como si

[25] Tertuliano, *Apol.*, 50,13: *PL* 1, 534.

se tratase de un grupo del pasado, vinculado sobre todo a los primeros siglos de la era cristiana. La memoria jubilar nos ha abierto un panorama sorprendente, mostrándonos nuestro tiempo particularmente rico en testigos que, de una manera u otra, han sabido vivir el Evangelio en situaciones de hostilidad y persecución, a menudo hasta dar su propia sangre como prueba suprema. En ellos la palabra de Dios, sembrada en terreno fértil, ha fructificado el céntuplo (cfr. *Mt* 13, 8.23). Con su ejemplo nos han señalado y casi «allanado» el camino del futuro. A nosotros nos toca, con la gracia de Dios, seguir sus huellas.

IV
TESTIGOS DEL AMOR

42. «En esto conocerán todos que sois discípulos míos: si os tenéis amor los unos a los otros» (*Jn* 13, 35). Si verdaderamente hemos contemplado el rostro de Cristo, queridos hermanos y hermanas, nuestra programación pastoral se inspirará en el «mandamiento nuevo» que Él nos dio: «Que, como yo os he amado, así os améis también vosotros los unos a los otros» (*Jn* 13, 34).

Otro aspecto importante en el que será necesario poner un decidido empeño programático, tanto en el ámbito de la Iglesia universal como de la Iglesias particulares, es el de *la comunión* (*koinonía*), que encarna y manifiesta la esencia misma del misterio de la Iglesia. La comunión es el fruto y la manifestación de aquel amor que, surgiendo del corazón del eterno Padre, se derrama en nosotros a través del Espíritu que Jesús nos da (cfr. *Rm* 5, 5), para hacer de todos nosotros «un solo corazón y una sola alma» (*Hch* 4, 32). Realizando esta comunión de amor, la Iglesia se manifiesta como «sacramento», o sea, «signo e instrumento de la íntima unión con Dios y de la unidad del género humano»[26].

Las palabras del Señor a este respecto son demasiado precisas como para minimizar su alcance. Muchas cosas serán necesarias para el camino histórico de la Iglesia también este nuevo siglo; pero si faltara la caridad (*ágape*), todo sería inútil. Nos lo recuerda el apóstol Pablo en el *himno a la caridad*: aunque habláramos las lenguas de los hombres y los ángeles, y tuviéramos una fe «que mueve las montañas», si faltamos a la caridad, todo sería «nada» (cfr. *1 Co* 13, 2). La caridad es verdaderamente el «corazón» de la Iglesia, como bien intuyó Santa Teresa de Lisieux, a la que he querido proclamar Doctora de la Iglesia, precisamente como experta en la *scientia amoris*: «Comprendí que la Iglesia tenía un Corazón y que este Corazón ardía de amor. Entendí que sólo el amor movía a los miembros de la Iglesia [...]. Entendí que el amor comprendía todas las vocaciones, que el Amor era todo»[27].

Espiritualidad de comunión

43. Hacer de la Iglesia *la casa y la escuela de la comunión*: este es el gran desafío que tenemos ante

[26] Conc. Ecum. Vat. II, Const. dogm. *Lumen gentium*, sobre la Iglesia, 1.

[27] MsB 3vo, *Opere Complete*, Libreria Editrice Vaticana Edizioni OCD, Roma 1997, p. 223.

nosotros en el milenio que comienza, si queremos ser fieles al designio de Dios y responder también a las profundas esperanzas del mundo.

¿Qué significa todo esto en concreto? También aquí la reflexión podría hacerse enseguida operativa, pero sería equivocado dejarse llevar por este primer impulso. Antes de programar iniciativas concretas, hace falta *promover una espiritualidad de la comunión*, proponiéndola como principio educativo en todos los lugares donde se forma el hombre y el cristiano, donde se educan los ministros del altar, las personas consagradas y los agentes pastorales, donde se construyen las familias y las comunidades. Espiritualidad de la comunión significa ante todo una mirada del corazón sobre todo hacia el misterio de la Trinidad que habita en nosotros, y cuya luz ha de ser reconocida también en el rostro de los hermanos que están a nuestro lado. Espiritualidad de la comunión significa, además, capacidad de sentir al hermano de fe en la unidad profunda del Cuerpo místico y, por tanto, como «uno que me pertenece», para saber compartir sus alegrías y sus sufrimientos, para intuir sus deseos y atender a sus necesidades, para ofrecerle una verdadera y profunda amistad. Espiritualidad de la comunión es también capacidad de ver ante todo lo que hay de positivo en el otro, para acogerlo y valorarlo como regalo de Dios: un «don para mí», además de ser un don para el hermano que lo ha recibido directamente. En fin, espiritualidad de la comunión es saber «dar espacio» al hermano, llevando mutuamente la carga de los otros (cfr. *Ga* 6, 2) y rechazando las tentaciones egoístas que continuamente nos acechan y engendran competitividad, ganas de hacer carrera, desconfianza y envidias. No nos hagamos ilusiones: sin este camino espiritual, de poco servirían los instrumentos externos de la comunión. Se convertirían en medios sin alma, máscaras de comunión más que sus modos de expresión y crecimiento.

44. Sobre esta base el nuevo siglo debe comprometernos más que nunca a valorar y desarrollar aquellos ámbitos e instrumentos que, según las grandes directrices del Concilio Vaticano II, sirven para asegurar y garantizar la comunión. ¿Cómo no pensar, ante todo, en los *servicios específicos de la comunión* que son *el ministerio petrino* y, en estrecha relación con él, *la colegialidad episcopal*? Se trata de realidades que tienen su fundamento y su consistencia en el designio mismo de Cristo sobre la Iglesia[28], pero que precisamente por eso necesitan de una continua verificación que asegure su auténtica inspiración evangélica.

También se ha hecho mucho, desde el Concilio Vaticano II, en lo que se refiere a la reforma de la Curia romana, la organización de los Sínodos y el

[28] Cfr. Conc. Ecum. Vat. II, Const. dogm. *Lumen gentium*, sobre la Iglesia, c. III.

funcionamiento de las Conferencias Episcopales. Pero queda ciertamente aún mucho por hacer para expresar de la mejor manera las potencialidades de estos instrumentos de la comunión, particularmente necesarios hoy ante la exigencia de responder con prontitud y eficacia a los problemas que la Iglesia tiene que afrontar en los cambios tan rápidos de nuestro tiempo.

45. Los espacios de comunión han de ser cultivados y ampliados día a día, a todos los niveles, en el entramado de la vida de cada Iglesia. En ella, la comunión ha de ser patente en las relaciones entre Obispos, presbíteros y diáconos, entre Pastores y todo el Pueblo de Dios, entre clero y religiosos, entre asociaciones y movimientos eclesiales. Para ello se deben valorar cada vez más los organismos de participación previstos por el Derecho canónico, como los *Consejos presbiterales y pastorales*. Estos, como es sabido, no se inspiran en los criterios de la democracia parlamentaria, puesto que actúan de manera consultiva y no deliberativa[29], sin embargo, no pierden por ello su significado e importancia. En efecto, la teología y la espiritualidad de la comunión aconsejan una escucha recíproca y eficaz entre Pastores y fieles, mantenién-

[29] Cfr. Congr. para el Clero y otras, Instr. interdicasterial *Ecclesiae de mysterio*, sobre algunas cuestiones relativas a la colaboración de los fieles laicos en el ministerio de los sacerdotes (15 agosto 1997): *AAS* 89 (1997), 852-877, especialmente art. 5: «Los organismos de colaboración en la Iglesia particular».

dolos por un lado unidos a priori en todo lo que es esencial y, por otro, impulsándolos a confluir normalmente incluso en lo opinable hacia opciones ponderadas y compartidas.

Para ello, hemos de hacer nuestra la antigua sabiduría, la cual, sin perjuicio alguno del papel jerárquico de los Pastores, sabía animarlos a escuchar atentamente a todo el Pueblo de Dios. Es significativo lo que San Benito recuerda al Abad del monasterio, cuando le invita a consultar también a los más jóvenes: «Dios inspira a menudo al más joven lo que es mejor»[30]. Y San Paulino de Nola exhorta: «Estemos pendientes de los labios de los fieles, porque en cada fiel sopla el Espíritu de Dios»[31].

Por tanto, así como la prudencia jurídica, poniendo reglas precisas para la participación, manifiesta la estructura jerárquica de la Iglesia y evita tentaciones de arbitrariedad y pretensiones injustificadas, la espiritualidad de la comunión da un alma a la estructura institucional, con una llamada a la confianza y apertura que responde plenamente a la dignidad y responsabilidad de cada miembro del Pueblo de Dios.

---

[30] Reg. III, 3: «*Ideo autem omnes ad consilium vocari diximus, quia saepe iuniori Dominus revelat quod melius est*».

[31] «*De omnium fidelium ore pendeamus, quia in omnem fidelem Spiritus Dei spirat*» (*Epist.* 23, 36 a Sulpicio Severo: *CSEL* 29, 193.

Variedad de vocaciones

46. Esta perspectiva de comunión está estrechamente unida a la capacidad de la comunidad cristiana para acoger todos los dones del Espíritu. La unidad de la Iglesia no es uniformidad, sino integración orgánica de las legítimas diversidades. Es la realidad de muchos miembros unidos en un solo cuerpo, el único Cuerpo de Cristo (cfr. *1 Co* 12, 12). Es necesario, pues, que la Iglesia del tercer milenio impulse a todos los bautizados y confirmados a tomar conciencia de la propia responsabilidad activa en la vida eclesial. Junto con el ministerio ordenado, pueden florecer otros ministerios, instituidos o simplemente reconocidos, para el bien de toda la comunidad, atendiéndola en sus múltiples necesidades: de la catequesis a la animación litúrgica, de la educación de los jóvenes a las más diversas manifestaciones de la caridad.

Se ha de hacer ciertamente un generoso esfuerzo –sobre todo con la oración insistente al Dueño de la mies (cfr. *Mt* 9, 38)– en *la promoción de las vocaciones al sacerdocio y a la vida de especial consagración*. Este es un problema muy importante para la vida de la Iglesia en todas las partes del mundo. Además, en algunos países de antigua evangelización, se ha hecho incluso dramático debido al contexto social cambiante y al enfriamiento religioso causado por el consumismo y el secularismo. Es necesario y urgente organizar una *pastoral de las vocaciones* amplia y capilar, que llegue a las parroquias, a los centros educativos y familias, suscitando una reflexión atenta sobre los valores esenciales de la vida, los cuales se resumen claramente en la respuesta que cada uno está invitado a dar a la llamada de Dios, especialmente cuando pide la total entrega de sí y de las propias fuerzas para la causa del Reino.

En este contexto cobran también toda su importancia las demás vocaciones, enraizadas básicamente en la riqueza de la vida nueva recibida en el sacramento del Bautismo. En particular, es necesario descubrir cada vez mejor *la vocación propia de los laicos*, llamados como tales a «buscar el reino de Dios ocupándose de las realidades temporales y ordenándolas según Dios»[32] y a llevar a cabo «en la Iglesia y en el mundo la parte que les corresponde [...] con su empeño por evangelizar y santificar a los hombres»[33].

En esta misma línea, tiene gran importancia para la comunión el deber de *promover las diversas realidades de asociación*, que tanto en sus modalidades más tradicionales como en las más nuevas de los movimientos eclesiales, siguen dando a la Iglesia una viveza que es don de Dios constitu-

[32] Conc. Ecum. Vat. II, Const. dogm. *Lumen gentium*, sobre la Iglesia, 31.

[33] Conc. Ecum. Vat. II, Decr. *Apostolicam actuositatem*, sobre el apostolado de los laicos, 2.

yendo una auténtica primavera del Espíritu. Conviene ciertamente que, tanto en la Iglesia universal como en las Iglesias particulares, las asociaciones y movimientos actúen en plena sintonía eclesial y en obediencia a las directrices de los Pastores. Pero es también exigente y perentoria para todos la exhortación del Apóstol: «No extingáis el Espíritu, no despreciéis las profecías, examinadlo todo y quedaos con lo bueno» (*1 Ts* 5, 19-21).

47. Una atención especial se ha de prestar también a la *pastoral de la familia*, especialmente necesaria en un momento histórico como el presente, en el que se está constatando una crisis generalizada y radical de esta institución fundamental. En la visión cristiana del matrimonio, la relación entre un hombre y una mujer –relación recíproca y total, única e indisoluble– responde al proyecto primitivo de Dios, ofuscado en la historia por la «dureza de corazón», pero que Cristo ha venido a restaurar en su esplendor originario, revelando lo que Dios ha querido «desde el principio» (cfr. *Mt* 19, 8). En el matrimonio, elevado a la dignidad de Sacramento, se expresa además el «gran misterio» del amor esponsal de Cristo a su Iglesia (cfr. *Ef* 5, 32).

En este punto la Iglesia no puede ceder a las presiones de una cierta cultura, aunque sea muy extendida y a veces «militante». Conviene más bien procurar que, mediante una educación evangélica cada vez más completa, las familias cristianas ofrezcan un ejemplo convincente de la posibilidad de un matrimonio vivido de manera plenamente conforme al proyecto de Dios y a las verdaderas exigencias de la persona humana: tanto la de los cónyuges como, sobre todo, la de los más frágiles que son los hijos. Las familias mismas deben ser cada vez más conscientes de la atención debida a los hijos y hacerse promotores de una eficaz presencia eclesial y social para tutelar sus derechos.

El campo ecuménico

48. ¿Y qué decir, además, de la urgencia de promover la comunión en el delicado ámbito del *campo ecuménico?* La triste herencia del pasado nos afecta todavía al cruzar el umbral del nuevo milenio. La celebración jubilar ha incluido algún signo verdaderamente profético y conmovedor, pero queda aún mucho camino por hacer.

En realidad, al hacernos poner la mirada en Cristo, el Gran Jubileo ha hecho tomar una conciencia más viva de la Iglesia como misterio de unidad. «Creo en la Iglesia, que es una»: esto que manifestamos en la profesión de fe tiene *su fundamento último en Cristo, en el cual la Iglesia no está dividida* (*1 Co* 1, 11-13). Como Cuerpo suyo, en la unidad obtenida por los dones del Espíritu, es indivisible. La realidad de la división se produce en el ámbito de la historia, en las relaciones entre los hijos de la Iglesia, como consecuencia de la fragilidad humana para acoger el don que fluye continuamente del Cristo-Cabeza en el Cuerpo místico. La oración de Jesús en el cenáculo –«como tú, Padre, en mí y yo en ti, que ellos también sean uno en nosotros» (*Jn* 17, 21)– es a la vez *revelación* e *invocación*. Nos revela la unidad de Cristo con el Padre como el lugar de donde nace la unidad de la Iglesia y como don perenne que, en él, recibirá misteriosamente hasta el fin de los tiempos. Esta unidad que se realiza concretamente en la Iglesia católica, a pesar de los límites propios de lo humano, emerge también de manera diversa en tantos elementos de santificación y de verdad que existen dentro de las otras Iglesias y Comunidades eclesiales; dichos elementos, en cuanto dones propios de la Iglesia de Cristo, les empujan sin cesar hacia la unidad plena[34].

La oración de Cristo nos recuerda que este don ha de ser acogido y desarrollado de manera cada vez más profunda. La invocación *ut unum sint* es, a la vez, imperativo que nos obliga, fuerza que nos sostiene y saludable reproche por nuestra desidia y estrechez de corazón. La confianza de poder alcanzar, incluso en la historia, la comunión plena y visible de todos los cristianos se apoya en la plegaria de Jesús, no en nuestras capacidades.

---

[34] Conc. Ecum. Vat. II, Const. dogm. *Lumen gentium*, sobre la Iglesia, 8.

En esta perspectiva de renovado camino postjubilar, miro con gran esperanza a las *Iglesias de Oriente*, deseando que se recupere plenamente ese intercambio de dones que ha enriquecido la Iglesia del primer milenio. El recuerdo del tiempo en que la Iglesia respiraba con «dos pulmones» ha de impulsar a los cristianos de oriente y occidente a caminar juntos, en la unidad de la fe y en el respeto de las legítimas diferencias, acogiéndose y apoyándose mutuamente como miembros del único Cuerpo de Cristo.

Con análogo esmero se ha de cultivar el diálogo ecuménico con los hermanos y hermanas de la *Comunión anglicana* y de las *Comunidades eclesiales nacidas de la Reforma*. La confrontación teológica sobre puntos esenciales de la fe y de la moral cristiana, la colaboración en la caridad y, sobre todo, el gran ecumenismo de la santidad, con la ayuda de Dios, producirán sus frutos en el futuro. Entre tanto, continuemos con confianza en el camino, anhelando el momento en que, con todos los discípulos de Cristo sin excepción, podamos cantar juntos con voz clara: «Ved qué dulzura, que delicia, convivir los hermanos unidos» (*Sal* 133, 1).

Apostar por la caridad

49. A partir de la comunión intraeclesial, la caridad se abre por su naturaleza al servicio universal, proyectándonos *hacia la práctica de un amor activo*

y concreto con cada ser humano. Este es un ámbito que caracteriza de manera decisiva la vida cristiana, el estilo eclesial y la programación pastoral. El siglo y el milenio que comienzan tendrán que ver todavía, y es de desear que lo vean de modo palpable, a qué grado de entrega puede llegar la caridad hacia los más pobres. Si verdaderamente hemos partido de la contemplación de Cristo, tenemos que saberlo descubrir sobre todo en el rostro de aquellos con los que Él mismo ha querido identificarse: «He tenido hambre y me habéis dado de comer, he tenido sed y me habéis dado de beber; fui forastero y me habéis hospedado; desnudo y me habéis vestido, enfermo y me habéis visitado, encarcelado y habéis venido a verme» (*Mt* 25, 35-36). Esta página no es una simple invitación a la caridad: es una página de cristología, que ilumina el misterio de Cristo. Sobre esta página, la Iglesia comprueba su fidelidad como Esposa de Cristo, no menos que sobre el ámbito de la ortodoxia.

No debe olvidarse, ciertamente, que nadie puede ser excluido de nuestro amor, desde el momento que «con la encarnación el Hijo de Dios se ha unido en cierto modo a cada hombre»[35]. Ateniéndonos a las indiscutibles palabras del Evangelio, en la persona de los pobres hay una presencia especial suya, que impone a la Iglesia una opción

---

[35] Conc. Ecum. Vat. II, Const. past. *Gaudium et spes*, sobre la Iglesia en el mundo actual, 22.

preferencial por ellos. Mediante esta opción, se testimonia el estilo del amor de Dios, su providencia, su misericordia y, de alguna manera, se siembran todavía en la historia aquellas semillas del Reino de Dios que Jesús mismo dejó en su vida terrena atendiendo a cuantos recurrían a Él para toda clase de necesidades espirituales y materiales.

50. En efecto, son muchas en nuestro tiempo las necesidades que interpelan la sensibilidad cristiana. Nuestro mundo empieza el nuevo milenio cargado de las contradicciones de un crecimiento económico, cultural, tecnológico, que ofrece a pocos afortunados grandes posibilidades, dejando no solo a millones y millones de personas al margen del progreso, sino viviendo en condiciones de vida muy por debajo del mínimo requerido por la dignidad humana. ¿Cómo es posible que, en nuestro tiempo, haya todavía quien se muere de hambre; quien está condenado al analfabetismo; quien carece de la asistencia médica más elemental; quien no tiene techo donde cobijarse?

El panorama de la pobreza puede extenderse indefinidamente, si a las antiguas añadimos las nuevas pobrezas, que afectan a menudo a ambientes y grupos no carentes de recursos económicos, pero expuestos a la desesperación del sin sentido, a la insidia de la droga, al abandono en la edad avanzada o en la enfermedad, a la marginación o a la discriminación social. El cristiano, que se asoma a este panorama, debe aprender a hacer su acto de fe en Cristo interpretando el llamamiento que Él dirige desde este mundo de la pobreza. Se trata de continuar una tradición de caridad que ya ha tenido muchísimas manifestaciones en los dos milenios pasados, pero que hoy quizás requiere mayor creatividad. Es la hora de un nueva «imaginación de la caridad», que promueva no tanto y no solo la eficacia de las ayudas prestadas, sino la capacidad de hacerse cercanos y solidarios con quien sufre, para que el gesto de ayuda sea sentido no como limosna humillante, sino como un compartir fraterno.

Por eso tenemos que actuar de tal manera que los pobres, en cada comunidad cristiana, se sientan como «en su casa». ¿No sería este estilo la más grande y eficaz presentación de la buena nueva del Reino? Sin esta forma de evangelización, llevada a cabo mediante la caridad y el testimonio de la pobreza cristiana, el anuncio del Evangelio, aun siendo la primera caridad, corre el riesgo de ser incomprendido o de ahogarse en el mar de palabras al que la actual sociedad de la comunicación nos somete cada día. La caridad de las *obras* corrobora la caridad de las *palabras*.

Retos actuales

51. ¿Podemos quedar al margen ante las perspectivas de un *desequilibrio ecológico*, que hace inhabi-

tables y enemigas del hombre vastas áreas del planeta? ¿O ante los *problemas de la paz*, amenazada a menudo con la pesadilla de guerras catastróficas? ¿O frente al *vilipendio de los derechos humanos fundamentales* de tantas personas, especialmente de los niños? Muchas son las urgencias ante las cuales el espíritu cristiano no puede permanecer insensible.

Se debe prestar especial atención a algunos aspectos de la radicalidad evangélica que a menudo son menos comprendidos, hasta el punto de hacer impopular la intervención de la Iglesia, pero que no pueden por ello desaparecer de la agenda eclesial de la caridad. Me refiero al deber de comprometerse en la defensa *del respeto a la vida de cada ser humano* desde la concepción hasta su ocaso natural. Del mismo modo, el servicio al hombre nos obliga a proclamar, oportuna e inoportunamente, que cuantos se valen de las *nuevas potencialidades de la ciencia*, especialmente en el terreno de las biotecnologías, nunca han de ignorar las exigencias fundamentales de la ética, apelando tal vez a una discutible solidaridad que acaba por discriminar entre vida y vida, con el desprecio de la dignidad propia de cada ser humano.

Para la eficacia del testimonio cristiano, especialmente en estos campos delicados y controvertidos, es importante hacer un gran esfuerzo para explicar adecuadamente los motivos de las posiciones de la Iglesia, subrayando sobre todo que no se trata de imponer a los no creyentes una perspectiva de fe, sino de interpretar y defender los valores radicados en la naturaleza misma del ser humano. La caridad se convertirá entonces necesariamente en servicio a la cultura, a la política, a la economía, a la familia, para que en todas partes se respeten los principios fundamentales, de los que depende el destino del ser humano y el futuro de la civilización.

52. Obviamente todo esto tiene que realizarse con un estilo específicamente cristiano: deben ser sobre todo *los laicos*, en virtud de su propia vocación, quienes se hagan presentes en estas tareas, sin ceder nunca a la tentación de reducir las comunidades cristianas a agencias sociales. En particular, la relación con la sociedad civil tendrá que configurarse de tal modo que respete la autonomía y las competencias de esta última, según las enseñanzas propuestas por la *doctrina social de la Iglesia*.

Es notorio el esfuerzo que el Magisterio eclesial ha realizado, sobre todo en el siglo XX, para interpretar la realidad social a la luz del Evangelio y ofrecer de modo cada vez más puntual y orgánico su propia contribución a la solución de la cuestión social, que ha llegado a ser ya una cuestión planetaria.

Esta vertiente ético-social se propone como una dimensión imprescindible del testimonio cristiano. Se debe rechazar la tentación de una espiritualidad oculta e individualista, que poco tiene que ver con las exigencias de la caridad, ni con la lógica de la Encarnación y, en definitiva, con la misma tensión escatológica del cristianismo. Si esta última nos hace conscientes del carácter relativo de la historia, no nos exime en ningún modo del deber de construirla. Es muy actual a este respecto la enseñanza del Concilio Vaticano II: «El mensaje cristiano, no aparta a los hombres de la tarea de la construcción del mundo, ni les impulsa a despreocuparse del bien de sus semejantes, sino que les obliga más a llevar a cabo esto como un deber»[36].

Un signo concreto

53. Como signo de este mensaje de caridad y de promoción humana, que se basa en las íntimas exigencias del Evangelio, he querido que el mismo Año jubilar, entre los numerosos frutos de caridad que ya ha producido en el curso de su desarrollo –pienso particularmente en la ayuda ofrecida a tantos hermanos más pobres para hacer posible su participación en el Jubileo– dejase también *una obra* que sea, de alguna manera, *el fruto y el sello de la caridad jubilar*. En efecto, muchos peregrinos

[36] Conc. Ecum. Vat. II, Const. past. *Gaudium et spes*, sobre la Iglesia en el mundo actual, 34.

han contribuido de diferentes modos con su limosna y, junto con ellos, también muchos protagonistas del mundo económico han ofrecido ayudas generosas, que han servido para asegurar la conveniente realización del acontecimiento jubilar. Una vez cubiertos los gastos que se han debido afrontar a lo largo del año, el dinero que pueda sobrar, debe destinarse a fines caritativos. En efecto, es importante excluir de un acontecimiento religioso tan significativo cualquier apariencia de especulación económica. Lo que sobre servirá para repetir también en esta ocasión la experiencia vivida tantas otras veces a lo largo de la historia desde que, en los comienzos de la Iglesia, la comunidad de Jerusalén ofreció a los no cristianos la imagen conmovedora de un intercambio espontáneo de dones, hasta la comunión de los bienes, en favor de los más pobres (cfr. *Hch* 2, 44-45).

La obra que se realice será solamente un pequeño arroyo que confluirá en el gran río de la caridad cristiana que recorre la historia. Pequeño, pero significativo arroyo: el Jubileo ha movido al mundo a mirar hacia Roma, la Iglesia «que preside en la caridad»[37] y a ofrecer a Pedro la propia limosna. Ahora la caridad manifestada en el centro de la catolicidad vuelve, de alguna manera, hacia el mundo a través de este gesto, que quiere quedar

[37] San Ignacio de Antioquía, *Carta a los Romanos*, Pref., ed. Funk, I, 252.

como fruto y memoria viva de la comunión experimentada con ocasión del Jubileo.

Diálogo y misión

54. Un nuevo siglo y un nuevo milenio se abren a la luz de Cristo. Pero no todos ven esta luz. Nosotros tenemos el maravilloso y exigente cometido de ser su «reflejo». Es el *mysterium lunae* tan querido por la contemplación de los Padres, los cuales indicaron con esta imagen que la Iglesia dependía de Cristo, Sol del cual ella refleja la luz[38]. Era un modo de expresar lo que Cristo mismo dice, al presentarse como «luz del mundo» (*Jn* 8,12) y al pedir a la vez a sus discípulos que fueran «la luz del mundo» (cfr. *Mt* 5, 14).

Esta es una tarea que nos hace temblar si nos fijamos en la debilidad que tan a menudo nos vuelve opacos y llenos de sombras. Pero es una tarea posible si, expuestos a la luz de Cristo, sabemos abrirnos a su gracia que nos hace hombres nuevos.

55. En esta perspectiva se sitúa también el gran desafío del *diálogo interreligioso*, en el cual estaremos todavía comprometidos durante el nuevo siglo, en

[38] Así, por ejemplo, San Agustín: «*También la luna representa a la Iglesia, porque no tiene luz propia, sino que la recibe del Hijo unigénito de Dios, el cual en muchas pasajes de la Escritura alegóricamente es llamado sol*»: *Enarr. In Ps. 10, 3: CCL* 38, 42.

la línea indicada por el Concilio Vaticano II[39]. En los años de preparación al Gran Jubileo la Iglesia, mediante encuentros de notable interés simbólico, ha tratado de establecer *una relación de apertura y diálogo con representantes de otras religiones*. El diálogo debe continuar. En la situación de un marcado pluralismo cultural y religioso, tal como se va presentando en la sociedad del nuevo milenio, este diálogo es también importante para proponer una firme base de paz y alejar el espectro funesto de las guerras de religión que han bañado de sangre tantos períodos en la historia de la humanidad. El nombre del único Dios tiene que ser cada vez más, como ya es de por sí, *un nombre de paz y un imperativo de paz*.

56. Pero el diálogo no puede basarse en la indiferencia religiosa, y nosotros como cristianos tenemos el deber de desarrollarlo ofreciendo el pleno testimonio de la esperanza que está en nosotros (cfr. *1 P* 3, 15). No debemos temer que pueda constituir una ofensa a la identidad del otro lo que, en cambio, es *anuncio gozoso de un don* para todos, y que se propone a todos con el mayor respeto a la libertad de cada uno: el don de la revelación del Dios-Amor, que «tanto amó al mundo que le dio su Hijo unigénito» (*Jn* 3, 16). Todo esto, como también ha sido subrayado recientemente por la De-

---

[39] Cfr. Decl. *Nostra aetate*, sobre las relaciones de la Iglesia con las religiones no cristianas.

claración *Dominus Iesus*, no puede ser objeto de una especie de negociación dialogística, como si para nosotros fuese una simple opinión. Al contrario, para nosotros es una gracia que nos llena de alegría, una noticia que debemos anunciar.

La Iglesia, por tanto, no puede sustraerse a la actividad misionera hacia los pueblos, y una tarea prioritaria de la *missio ad gentes* sigue siendo anunciar a Cristo, «Camino, Verdad y Vida» (*Jn* 14, 6), en el cual los hombres encuentran la salvación. El diálogo interreligioso «tampoco puede sustituir al anuncio; de todos modos, aquel sigue orientándose hacia el anuncio»[40]. Por otra parte, el deber misionero no nos impide entablar el diálogo *íntimamente dispuestos a la escucha.* En efecto, sabemos que, frente al misterio de gracia infinitamente rico por sus dimensiones e implicaciones para la vida y la historia del hombre, la Iglesia misma nunca dejará de escudriñar, contando con la ayuda del Paráclito, el Espíritu de verdad (cfr. *Jn* 14, 17), al que compete precisamente llevarla a la «plenitud de la verdad» (*Jn* 16, 13).

Este principio es la base no solo de la inagotable profundización teológica de la verdad cristiana, sino también del diálogo cristiano con las filoso-

---

[40] Cons. Pont. para el Diálogo Interreligioso y Congr. para la Evangelización de los Pueblos, Instr. *Diálogo y anuncio: reflexiones y orientaciones* (19 mayo 1991), 82: *AAS* 84 (1992), 444.

fías, las culturas y las religiones. No es raro que el Espíritu de Dios, que «sopla donde quiere» (*Jn* 3, 8), suscite en la experiencia humana universal, a pesar de sus múltiples contradicciones, signos de su presencia, que ayudan a los mismos discípulos de Cristo a comprender más profundamente el mensaje del que son portadores. ¿No ha sido quizás esta humilde y confiada apertura con la que el Concilio Vaticano II se esforzó en leer los «signos de los tiempos»?[41]. Incluso llevando a cabo un laborioso y atento discernimiento, para captar los «verdaderos signos de la presencia o del designio de Dios»[42], la Iglesia reconoce que no solo ha dado, sino que también ha «recibido de la historia y del desarrollo del género humano»[43]. Esta actitud de apertura, y también de atento discernimiento respecto a las otras religiones, la inauguró el Concilio. A nosotros nos corresponde seguir con gran fidelidad sus enseñanzas y sus indicaciones.

A la luz del Concilio

57. ¡Cuánta riqueza, queridos hermanos y hermanas, en las orientaciones que nos dio el Concilio Vaticano II! Por eso, en la preparación del Gran Ju-

---

41 Cfr. Const. past. *Gaudium et spes*, sobre la Iglesia en el mundo actual, 4.

42 *Ibíd.*, 11.

43 *Ibíd.*, 44.

bileo, he pedido a la Iglesia que *se interrogase sobre la acogida del Concilio*[44]. ¿Se ha hecho? El Congreso que se ha tenido aquí en el Vaticano ha sido un momento de esta reflexión, y espero que, de diferentes modos, se haya realizado igualmente en todas las Iglesias particulares. A medida que pasan los años, aquellos textos no pierden su valor ni su esplendor. Es necesario leerlos de manera apropiada y que sean conocidos y asimilados como textos cualificados y normativos del Magisterio, dentro de la Tradición de la Iglesia. Después de concluir el Jubileo siento más que nunca el deber de indicar al Concilio como *la gran gracia de la que la Iglesia se ha beneficiado en el siglo XX*. Con el Concilio se nos ha ofrecido una brújula segura para orientarnos en el camino del siglo que comienza.

---

[44] Cfr. Carta Ap. *Tertio millennio adveniente*, 36.

CONCLUSIÓN
DUC IN ALTUM!

58. ¡Caminemos con esperanza! Un nuevo milenio se abre ante la Iglesia como un océano inmenso en el cual hay que aventurarse, contando con la ayuda de Cristo. El Hijo de Dios, que se encarnó hace dos mil años por amor al hombre, realiza también hoy su obra. Hemos de aguzar la vista para verla y, sobre todo, tener un gran corazón para convertirnos nosotros mismos en sus instrumentos. ¿No ha sido quizás para tomar contacto con este manantial vivo de nuestra esperanza, por lo que hemos celebrado el Año jubilar? El Cristo contemplado y amado ahora nos invita una vez más a ponernos en camino: «Id pues y haced discípulos a todas las gentes, bautizándolas en el nombre del Padre y del Hijo y del Espíritu Santo» (*Mt* 28, 19). El mandato misionero nos introduce en el tercer milenio invitándonos a tener el mismo entusiasmo de los cristianos de los primeros tiempos. Para ello podemos contar con la fuerza del mismo Espíritu, que fue

enviado en Pentecostés y que nos empuja hoy a partir animados por la esperanza «que no defrauda» (*Rm* 5, 5).

Nuestra andadura, al principio de este nuevo siglo, debe hacerse más rápida al recorrer los senderos del mundo. Los caminos, por los que cada uno de nosotros y cada una de nuestras Iglesias camina, son muchos, pero no hay distancias entre quienes están unidos por la única comunión, la comunión que cada día se nutre de la mesa del Pan eucarístico y de la Palabra de vida. Cada domingo Cristo resucitado nos convoca de nuevo como en el Cenáculo, donde al atardecer del día «primero de la semana» (*Jn* 20, 19) se presentó a los suyos para «exhalar» sobre ellos el don vivificante del Espíritu e iniciarlos en la gran aventura de la evangelización.

Nos acompaña en este camino la Santísima Virgen, a la que hace algunos meses, junto con muchos Obispos llegados a Roma desde todas las partes del mundo, he confiado el tercer milenio. Muchas veces en estos años la he presentado e invocado como «Estrella de la nueva evangelización». La indico aún como aurora luminosa y guía segura de nuestro camino. «Mujer, he aquí tus hijos», le repito, evocando la voz misma de Jesús (cfr. *Jn* 19, 26), y haciéndome voz, ante ella, del cariño filial de toda la Iglesia.

59. ¡Queridos hermanos y hermanas! El símbolo de

la Puerta Santa se cierra a nuestras espaldas, pero para dejar abierta más que nunca la puerta viva que es Cristo. Después del entusiasmo jubilar ya no volvemos a un anodino día a día. Al contrario, si nuestra peregrinación ha sido auténtica debe como desentumecer nuestras piernas para el camino que nos espera. Tenemos que imitar la intrepidez del apóstol Pablo: «Lanzándome hacia lo que está por delante, corro hacia la meta, para alcanzar el premio al que Dios me llama desde lo alto, en Cristo Jesús» (*Flp* 13, 14). Al mismo tiempo, hemos de imitar la contemplación de María, la cual, después de la peregrinación a la ciudad santa de Jerusalén, volvió a su casa de Nazaret meditando en su corazón el misterio del Hijo (cfr. *Lc* 2, 51).

Que Jesús resucitado, el cual nos acompaña en nuestro camino, dejándose reconocer como a los discípulos de Emaús «al partir el pan» (*Lc* 24, 30), nos encuentre vigilantes y preparados para reconocer su rostro y correr hacia nuestros hermanos, para llevarles el gran anuncio: «¡Hemos visto al Señor!» (*Jn* 20, 25).

Este es el fruto tan deseado del Jubileo del Año dos mil, Jubileo que nos ha presentado de manera palpable el misterio de Jesús de Nazaret, Hijo de Dios y Redentor del hombre.

Mientras se concluye y nos abre a un futuro de esperanza, suba hasta el Padre, por Cristo, en el

Espíritu Santo, la alabanza y el agradecimiento de toda la Iglesia.

Con estos augurios y desde lo más profundo del corazón, imparto a todos mi Bendición.

Vaticano, 6 de enero, Solemnidad de la Epifanía del Señor, del año 2001, vigésimo tercero de mi Pontificado.

Joannes Paulus PP. II

ÍNDICE

I. EL ENCUENTRO CON CRISTO, HERENCIA DEL GRAN JUBILEO 11
La plenitud de los tiempos 13
Purificación de la memoria 14
Los testigos de la fe 15
Iglesia peregrina 16
Los jóvenes 17
Peregrinos de diversas clases 19
Congreso Eucarístico Internacional 21
La dimensión ecuménica 22
La peregrinación en Tierra Santa 23
La deuda internacional 25
Un nuevo dinamismo 26

II. UN ROSTRO PARA CONTEMPLAR 29
El testimonio de los Evangelios 30
El camino de la fe 32
La profundidad del misterio 35
Rostro del Hijo 38
Rostro doliente 39
Rostro del Resucitado 43

III. CAMINAR DESDE CRISTO 45
La santidad 48
La oración 51

La Eucaristía dominical 55
El sacramento de la Reconciliación 57
Primacía de la gracia 59
Escucha de la Palabra 60
Anuncio de la Palabra 61

IV. TESTIGOS DEL AMOR 65
Espiritualidad de comunión 66
Variedad de vocaciones 71
El campo ecuménico 74
Apostar por la caridad 76
Retos actuales 79
Un signo concreto 82
Diálogo y misión 84
A la luz del Concilio 87

CONCLUSIÓN. DUC IN ALTUM! 89

documentos mc

Para leer, meditar y divulgar la doctrina de la Iglesia

LA EUTANASIA
100 cuestiones y respuestas.
Es inmoral y antisocial
Juan Pablo II
Congregación para la Doctrina de la Fe
Conferencia Episcopal Española
2ª edición

VERITATIS SPLENDOR
Encíclica *de Juan Pablo II*
6ª edición

PREPARACIÓN DEL JUBILEO DEL AÑO 2000
Carta apostólica de *Juan Pablo II*
Tertio millennio adveniente
3ª edición

EVANGELIUM VITAE
Encíclica de *Juan Pablo II*
sobre el valor y el carácter inviolable
de la vida humana
3ª edición

PASTORAL DE LAS SITUACIONES
FAMILIARES IRREGULARES
Juan Pablo II
Congregación para la Doctrina de la Fe
Consejo Pontificio para la Familia
Card. Medina Estévez
Mons. Gil Hellín
2ª edición

EL DÍA DEL SEÑOR
Juan Pablo II
Carta apostólica *Dies Domini*
sobre la santificación del domingo
4ª edición

FIDES ET RATIO
Encíclica de *Juan Pablo II*
sobre las relaciones entre fe y razón
3ª edición

DIVES IN MISERICORDIA
Encíclica de *Juan Pablo II*
sobre la misericordia divina
3ª edición

INCARNATIONIS MYSTERIUM
Juan Pablo II
Bula de convocación del Gran Jubileo del 2000
4ª edición

SALVIFICI DOLORIS
Carta apostólica de *Juan Pablo II* sobre el sentido cristiano del sufrimiento humano
5ª edición

LA IGLESIA EN AMÉRICA
Exhortación apostólica de *Juan Pablo II*

REDEMPTOR HOMINIS
Encíclica de *Juan Pablo II* sobre la Redención del hombre
4ª edición

JORNADA DEL PERDÓN. MEMORIA Y RECONCILIACIÓN: LA IGLESIA Y LAS CULPAS DEL PASADO
Juan Pablo II
Comisión Teológica Internacional

LA FAMILIA Y LA INTEGRACIÓN DEL MINUSVÁLIDO EN LA INFANCIA Y ADOLESCENCIA
Congreso. Ponencias y Conclusiones.
Consejo Pontificio para la Familia

ÉTICA EN LAS COMUNICACIONES SOCIALES. ÉTICA EN LA PUBLICIDAD
Juan Pablo II
Consejo Pontificio para las Comunicaciones Sociales

DESDE ROMA A LOS JÓVENES
XV Jornada Mundial de la Juventud
Juan Pablo II

FAMILIA, MATRIMONIO Y "UNIONES DE HECHO"
Consejo Pontificio para la Familia

Para más información dirigirse a:
EDICIONES PALABRA, S.A. – Castellana, 210 – 28046 Madrid
Telf.: 91 350 77 20- 91 350 77 39 – Fax: 91 359 02 30
www.edicionespalabra.es – epalsa@edicionespalabra.es